Prix Hfr.

LES TROUPES SOCIALES SOUS LE 1ᵉʳ EMPIRE

OPÉRATIONS

DES

TROUPES ALLEMANDES

EN ESPAGNE

DE 1808 A 1813

PAR

E. COSTA DE SERDA

CAPITAINE D'ÉTAT-MAJOR.

Extrait du Spectateur militaire
Avec 4 planches.

5869

PARIS

LIBRAIRIE MILITAIRE DE J. DUMAINE

LIBRAIRE-ÉDITEUR

Rue et Passage Dauphine, 30

1874

OPÉRATIONS

DES

TROUPES ALLEMANDES

EN ESPAGNE

Paris. — Imprimerie de J. Dumaine, rue Christine, 2.

LES TROUPES SOCIALES SOUS LE 1ᵉʳ EMPIRE

OPÉRATIONS

DES

TROUPES ALLEMANDES

EN ESPAGNE

DE 1808 A 1813

PAR

 E. COSTA DE SERDA

CAPITAINE D'ÉTAT-MAJOR.

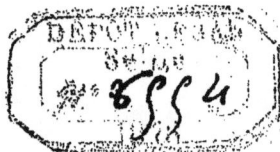

Extrait du Spectateur militaire.

Avec 4 planches.

PARIS

LIBRAIRIE MILITAIRE DE J. DUMAINE

LIBRAIRE-ÉDITEUR

Rue et Passage Dauphine, 30

1874

OPÉRATIONS DES TROUPES ALLEMANDES

EN ESPAGNE

DE 1808 A 1813

INTRODUCTION

LA CONFÉDÉRATION DU RHIN.

Le traité de Presbourg avait virtuellement détruit l'Empire d'Allemagne par l'état d'indépendance absolue dans lequel il plaçait les trois électeurs de Bavière, de Baden et de Wurtemberg. Cet Empire cessait officiellement d'exister par le traité conclu, le 12 juillet 1806, à Paris, qui créait une *Confédération du Rhin* sous le protectorat de Napoléon, empereur des Français et roi d'Italie.

L'acte de Confédération, signé par treize États, était notifié, le 1er août, à la diète de Ratisbonne ; le 6 du même mois, François II renonçait à la couronne impériale germanique et dégageait les souverains, princes et États, de tout devoir envers lui comme chef légal de l'Empire. Conformément à l'article 35 du traité, il y avait entre les États signataires (collectivement et séparément) d'une part, et entre l'empereur Napoléon agissant au nom de la République française d'autre part, une alliance en vertu de laquelle

1

toute guerre continentale que l'une des parties contractantes aurait à soutenir deviendrait immédiatement commune à toutes les autres.

Aux termes du traité, le titre de roi était donné aux électeurs de Bavière et de Wurtemberg ; l'électeur de Baden, le landgrave de Hesse et le duc de Berg prenaient le titre de grand-duc, avec les droits, honneurs et prérogatives attachés à la dignité royale. La Confédération, définitivement constituée, comprenait les États suivants, ayant à fournir les contingents ci-après, calculés à raison d'un homme sur 155 en moyenne :

Royaume de Bavière.	30 000 h.
Royaume de Wurtemberg.	12 000
Grand-duché de Baden.	8 000
Grand-duché de Berg..	5 000
Grand-duché de Hesse-Darmstadt. . . .	4 000
Duché de Nassau-Usingen.	} 1 680
Principauté de Nassau-Weilbourg. . . .	
Prince-Primat, Évêque de Ratisbonne (devenu grand-duc de Francfort, le 16 février 1810).	968
Duché d'Aremberg.	379
Principautés de Salm-Salm et Salm-Kirbourg..	323
Principauté d'Isembourg.	291
Principauté de Hohenzollern-Sigmaringen..	193
Principauté de Hohenzollern-Hechingen.	97
Principauté de Lichtenstein.	40
Principauté de la Leyen.	29
Total.	63 000 h.

La France fournissait, en échange, un contingent de 200 000 hommes de toutes armes.

Des accessions nombreuses vinrent rapidement augmenter les forces de la Confédération. En voici le tableau :

25 sept. 1806. Grand-duché de Wurtzbourg.　　2 000 h.

11 déc. 1806. Électeur de Saxe (qui prend le titre de Roi). . . . .　20 000

15 déc. 1806. Duchés de Saxe
Weimar.	800
Gotha.	1100
Meiningen. . .	300
Hildburghausen.	200
Cobourg.	400

2 800 h. d'inf.

18 avril 1807. Duchés d'Anhalt.
Dessau. . .	350
Bernbourg.	240
Coethen. .	210

800 h. (sous la direction et l'inspection du Duc de Dessau).

18 avril 1807. Principautés de Schwarzbourg-Sondershausen et Schwarzbourg–Rudolstadt. . . . .　650

18 avril 1807. Principauté de Waldeck. . . .　400

18 avril 1807. Principautés de Lippe.
| Detmold. . . . . . | 500 |
| Schauenbourg. . . | 150 |

18 avril 1807. Principautés de Reuss.
| Greiss. . . . . |
| Lobenstein-Lobenstein. |
| Lobenstein–Ebersdorf. |

450

13 mars 1807. Royaume de Westphalie.
| 20 000 h. d'inf. |
| 3 500 h. de cav. |
| 1 500 h. d'art.(1). |

18 février 1808. Duché de Mecklembourg-Strélitz.　400

22 mars 1808. Duché de Mecklembourg-Schwerin.　1900

2 octobre 1808. Duché d'Oldenbourg-Lubeck. . .　800

La Confédération eut alors une population totale de

(1) Portés respectivement à 4000 et à 2000, par le traité du 14 janvier 1810.

14 650 000 habitants et ses contingents s'élevaient à
120 682 hommes de troupes de toutes armes.

L'article 35 ne devait pas rester longtemps à l'état de
lettre morte. Dès le mois d'octobre 1806, une partie des
contingents du royaume de Bavière, des grands-duchés de
Baden, de Hesse et de Wurtzbourg, des principautés de
Hohenzollern, etc., formés en 9ᵉ corps de la Grande armée
et placés sous le commandement du prince Jérôme, prenaient une part active à la campagne qui s'ouvrait contre
la Prusse. De 1806 à 1813, les troupes de la Confédération
du Rhin figurèrent dans les armées françaises, à côté des
Espagnols, des Italiens, des Polonais, sur tous les théâtres
de guerre de l'Empire, en Autriche et en Prusse comme
en Espagne et en Russie.

L'histoire des troupes allemandes en Espagne, de 1808
à la fin de 1813, forme un des épisodes les plus intéressants
et les moins connus de cette longue épopée : les plus intéressants, car l'éloignement du pays natal, le caractère particulièrement cruel et impitoyable de cette guerre, la différence de climat, de mœurs, de langage, la singularité même
de ce fait de voir des troupes tirées du fond de l'Allemagne
lutter sur les bords du Tage pour une cause qui n'était point
la leur, tout contribue à donner à la présence des Allemands
en Espagne un caractère spécial et pour ainsi dire roma-
nesque ; — les moins connus, car s'il s'est trouvé des historiens pour raconter, au moins en partie, le rôle des contingents de la Confédération du Rhin dans les grandes
guerres de Prusse, d'Autriche et de Russie, nul n'a réuni
les documents nécessaires pour les suivre au milieu de
l'inextricable chaos des campagnes d'Espagne, pour étu-
dier, jour par jour, ces marches sans trêve, ces victoires sté-
riles, ces luttes sans cesse renaissantes. Par le fait même

de leur petit nombre, les Allemands, perdus pour ainsi dire dans la masse des armées françaises d'Espagne, échappaient à la plume de l'écrivain.

Si, depuis lors, un sentiment patriotique a poussé l'Allemagne à considérer comme une honte nationale le jour où elle envoyait ses enfants mourir à l'étranger pour un *Protecteur* qu'elle haïssait ; si, plus récemment encore, d'autres événements, postérieurs à ce travail et dont nous portons encore les traces sanglantes, sont venus ranimer les haines inassouvies de cette époque, l'impartiale histoire n'en garde pas moins le devoir de sauver de l'oubli le courage et les faiblesses, le dévouement et les défaillances de ceux que nous appelions alors nos frères d'armes d'outre-Rhin, de ceux qui, pendant six ans, ont mêlé leur sang au nôtre sur tous les champs de bataille de la Péninsule, jusqu'au moment où, croyant obéir à la grande voix de la patrie, ils ne virent plus que des ennemis dans leurs alliés de la veille.

Ce sont les documents de ce travail que nous avons essayé de réunir et que nous publions aujourd'hui.

PREMIÈRE PARTIE

GRANDE ARMÉE.

SOMMAIRE DE LA CAMPAGNE DE 1808.

Situation générale de la Péninsule Hispanique. — À la suite de la capitulation de Baylen, le roi Joseph évacue Madrid et se retire sur l'Èbre. — Appel fait par Napoléon aux princes de la Confédération du Rhin. — Au commencement d'août 1808, les contingents allemands se mettent en marche; leur composition; leur formation en division de la Confédération (2e division du 4e corps), sous le général Leval. — Situation d'effectif au 1er novembre. — Combats de Zornosa et de Guenès. — Marche sur Madrid. — La 1re brigade est détachée au corps du maréchal Soult et va dans les Asturies. — Arrivée à Madrid et revue de l'Empereur. — Le 17e bulletin de l'armée d'Espagne. — La division est chargée de l'occupation de Madrid. — Événements dans le nord de l'Espagne; embarquement des Anglais à la Corogne. — Mouvement du maréchal duc de Dantzig sur le pont d'Almaraz. — Faux mouvement du maréchal sur le Tietar. — Mécontentement de l'Empereur; le 4e corps est placé sous les ordres du maréchal Jourdan, chef d'état-major général du Roi d'Espagne. — Fin de la campagne de 1808.

L'Espagne était envahie jusqu'au Guadalquivir; une armée française occupait Lisbonne. Le roi Joseph, reconnu par les Cortès réunies à Bayonne, venait d'entrer dans sa nouvelle capitale, quand la capitulation de Baylen vint porter un coup terrible à sa royauté naissante. C'était un immense événement, une première atteinte à l'invincibilité de nos armes. Madrid, ainsi découvert par la destruction de l'armée d'Andalousie, n'était plus tenable; il fallait évacuer cette capitale à peine entrevue. Le roi se retire par Buytrago, Somo-Sierra et Aranda, sur Miranda; le corps d'armée d'Aragon fait sa retraite sur Tudela; le général Duhesme, après une inutile tentative contre Girone qui devait s'illustrer plus tard par un siége héroïque, s'en-

ferme dans Barcelone. Le contre-coup de ces événements
funestes se fait également sentir en Portugal ; un soulèvement général y éclate ; les Anglais se mettent immédiatement en mesure de le soutenir. Junot, vaincu à Vimeiro,
conclut la convention de Cintra, qui stipulait l'évacuation
du Portugal. « Ainsi, dès la fin d'août 1808, toute l'Espagne, envahie si facilement en février et en mars, était
évacuée jusqu'à l'Èbre. Des 130 000 hommes qui avaient
franchi les Pyrénées, il n'y en avait pas 60 000 sous les
armes, quoiqu'il en restât 80 000, sans compter, il est vrai,
les 22 000 qui naviguaient sous pavillon britannique pour
rentrer en France. » (*Thiers*.)

C'étaient les premiers échecs des armes françaises sur
le continent, et l'Empereur s'en était montré vivement ému.
Maître de la Prusse par ses armées, rassuré à l'égard de la
Russie, il résolut d'en finir avec l'Espagne, d'y acheminer
une partie de la Grande armée cantonnée en Allemagne et
de terminer la campagne par un de ces coups de tonnerre
qui l'avaient amené en vainqueur à Vienne et à Berlin,
afin d'être promptement en mesure de faire face aux nouveaux événements qui semblaient se préparer en Allemagne. Alors déjà, Napoléon commençait à croire qu'il lui
faudrait une nouvelle et dernière guerre contre l'Autriche ;
c'est dans cette prévision qu'il « réclama de tous les princes
de la Confédération du Rhin un premier contingent, faible
à la vérité, mais suffisant pour provoquer beaucoup de pro-
pos inquiétants en Allemagne et faire réfléchir l'Autriche.
Si la guerre avec l'Autriche finissait par éclater, ces faibles
contingents seraient portés à leur effectif légal ; sinon ils
iraient, tels quels, concourir en Espagne à la nouvelle guerre
que Napoléon s'était attirée, car il voulait que les princes
du Rhin fussent engagés avec lui dans toutes ses querelles,

et partageassent tout entier le fardeau qui pesait sur la France ; politique bonne en un sens, mauvaise en un autre, car, s'il les compromettait ainsi à sa suite, il les exposait en revanche à éprouver la haine générale que devaient susciter tôt ou tard ces conscriptions répétées, tant à la droite qu'à la gauche du Rhin, tant au nord qu'au midi des Alpes et des Pyrénées. » (*Thiers.*)

Nous avons vu, d'ailleurs, dans l'introduction, que ce n'était point la première fois que les troupes allemandes allaient combattre dans les rangs français, et que, déjà, elles avaient pris une part active aux opérations qui reportaient jusqu'aux limites de la Prusse amoindrie les frontières de la Confédération.

Ce nouvel appel devait fournir 7 bataillons avec de l'artillerie et du train, soit 6000-7000 hommes ainsi répartis :
Grand-duché de Baden (4° rég.), 2 bataillons.
—   1 compagnie d'artillerie montée.
—   1   —   du train d'artillerie (1).
Grand-duché de Hesse-Darmstadt (4° rég.), 2 bataillons.
—   1 compagnie d'artillerie montée.
—   1   —   du train d'artillerie (2).

---

(1) Effectif à l'arrivée à Strasbourg (24 août) :
Infanterie . . . . 1700 hommes.
Artillerie et train, avec 169 chevaux, 6 pièces de 6,
     2 obusiers de 7 et 31 voitures de munitions . . .   205
(2) Effectif au 25 août :
Infanterie 1716
Artillerie et train, avec 51 chevaux, 4 pièces de 6,
     4 caissons d'art. et 4 caissons d'infanterie   97
« L'uniforme de l'infanterie est un habit gros-bleu barbot ; collet, revers et parements jaune citron, brandebourgs de laine blanche pour les soldats et d'argent pour les officiers, boutons blancs, doublure rouge. — L'habit des ca-

                      A reporter . . . . 3718 hommes.

Grand-duché de Francfort, 1 bataillon (1).

Duché de Nassau (2e rég. léger), 2 bataillons.

— 1 escadron de chasseurs (2).

Tous ces contingents étaient entièrement organisés d'après le pied français ; chaque bataillon avait 6 compagnies, dont une de grenadiers et une de voltigeurs. L'effectif fixé était de 140 hommes par compagnie. A dater du jour de leur sortie du territoire de la Confédération, ces troupes étaient nourries et entretenues par l'Empereur, « la solde seule resterait à la charge des princes, Sa Majesté se pro-

Report..........	3718 hommes.

nonniers est le même, excepté que les collets, revers et parements sont noirs. Les soldats du train ont l'habit veste de même couleur, sans revers ni brandebourgs ; parements et collet noirs. Toute la troupe a veste et culotte blanche.

« La coiffure est le chapeau à la prussienne; mais le Grand-duc doit le remplacer par le schako. Les grenadiers auront le bonnet à poil. » (*Lettre du Maréchal d'Empire duc de Valmy au Ministre de la Guerre.* — Mayence, 25 août).

(1) Effectif au 28 août......................	853

« Ce bataillon est fort beau; la compagnie de grenadiers surtout et le premier rang sont de la plus grande beauté. L'uniforme est : habit blanc sans revers, collet et parements rouges, passepoil rouge. La compagnie de voltigeurs a l'habit vert, coupé comme le surtout des officiers de Hussards; collet, parements et revers rouges. Les grenadiers ont pour coiffure le bonnet à poil ; les voltigeurs ont un schako vert et noir ; les compagnies de fusiliers ont le chapeau. » (*Duc de Valmy au Ministre de la Guerre.* — Mayence, 28 août).

(2) Effectif au 21 août :

Infanterie...........................	1618
Cavalerie...........................	150

On avait demandé de l'artillerie au duc de Nassau ; celui-ci, n'ayant pas de canons, offrit en échange un fort bel escadron de chasseurs qui fut accepté.

Total...	6339 hommes.

posant de pourvoir également à l'entretien de l'armement
et de payer le supplément de solde qu'exige le passage sur
le pied de guerre, ainsi que les gratifications en souliers
pour les marches extraordinaires. »

La mobilisation des contingents demandés se fit rapidement, et, dès la fin d'août, les divers corps se mettaient en
marche.

Les troupes badoises, cantonnées dans les villages voisins
de Kehl, arrivaient à Strasbourg dans la nuit du 24 août
et en repartaient le lendemain pour Metz, où elles entraient
le 30.

Le contingent de Hesse-Darmstadt, pénétrant en France
par Mayence, continuait, le 25 août, sur Metz où il arrivait
le 2 septembre.

Le bataillon du Prince-Primat, entré à Mayence le 27,
poursuivait, le 28, son mouvement sur Metz qu'il atteignait
le 5 septembre, et où il était rejoint par l'infanterie de
Nassau.

Après avoir reçu, à leur arrivée, des fusils français en
échange de ceux dont elles étaient armées et qui restaient
à Metz, à la disposition des princes auxquels ils apparte-
naient, toutes ces troupes se mettaient en marche, par Pont-
à-Mousson et Saint-Dizier, sur Orléans, où la division devait
être provisoirement réunie. Mais là, de nouveaux ordres les
attendaient, motivés par la gravité de la situation en Espagne. Poursuivant donc aussitôt leur marche par Limoges,
Périgueux, Saint-Sever, elles gagnaient Bayonne, traversant
ainsi la France dans une de ses plus longues diagonales,
de Mayence à l'Adour, par une marche de plus de qua-
rante jours.

Nous avons dit que la situation était grave en Espagne ; en effet, les armées espagnoles, suivant les Français en retraite, avaient pris position sur l'Èbre et jusqu'à la baie de Biscaye. A l'aile gauche, entre la mer et l'Èbre et regardant Bilbao, était Blake. A sa droite, à cheval sur la route de Madrid, se trouvait à Burgos l'armée d'Estramadure, 20 000 hommes, commandée par Belvedère. Plus à droite, à Tudela, l'armée d'Andalousie, 30 000 hommes, sous Castaños. Devant Sarragosse était l'armée d'Aragon, 25 000 hommes, sous Palafox. A l'extrème droite, Vivès, à la tète de l'armée de Catalogne, bloquait le général Duhesme dans Barcelone.

Une première réserve de 10 000 hommes gardait le col de Somo-Sierra, sur la route de Madrid. Une dernière réserve devait être composée de 30 000 Anglais, sous les ordres de Moore, dont une partie venait de la Corogne, l'autre du Portugal par Salamanque, et qui devait se réunir à Valladolid.

En face de ces forces, Napoléon, qui venait prendre en personne le commandement de la Grande armée d'Espagne, disposait ses troupes de la manière suivante : à l'aile droite, Lefebvre et Victor devaient provisoirement contenir Blake. A l'aile gauche, Moncey gardait l'Aragon et observait Palafox. Saint-Cyr entrait en Catalogne par Perpignan pour délivrer Duhesme. Au centre, entre Miranda et Vittoria, étaient réunis les corps de Soult et de Ney, la garde et la réserve de cavalerie, pour frapper un grand coup contre l'armée d'Estramadure.

Telles étaient les positions des deux parties belligérantes au moment où les troupes allemandes arrivaient à Bayonne. Des ordres de Napoléon les y attendaient : « Le général Leval sera rendu, le 8 octobre, à Bayonne. Il formera sa division (2ᵉ du 4ᵉ corps — Lefebvre) en 2 brigades.

1ʳᵉ Brigade.	Régiment de Nassau.
	Régiment de Baden.
2ᵉ Brigade.	Régiment de Hesse-Darmstadt.
	Bataillon du Prince-Primat.

« La 1ʳᵉ brigade entrera en Espagne le 13, et se rendra à Vittoria. La 2ᵉ brigade y entrera le 17 et prendra la même direction.

» Le maréchal duc de Dantzig arrivera à Bayonne le 10 octobre, et, le 18, il aura son quartier général à Vittoria pour y recevoir les deux divisions Sebastiani et Leval. » (*Ordre de l'Empereur au ministre de la guerre. 2 octobre 1808.*)

Cependant, quelques retards d'une part, les pressantes instances du roi Joseph d'autre part, apportaient certaines modifications à ces dispositions. A mesure qu'ils arrivaient à Bayonne (du 12 au 18 octobre), les contingents allemands, déjà réduits par la longue route qu'ils venaient de parcourir, étaient passés en revue, recevaient des ustensiles de campement, des vivres, des munitions, puis franchissaient isolément la frontière pour entrer dans les provinces basques espagnoles et appuyer le flanc droit de l'armée française. Les régiments de Baden et de Nassau pénétraient en Espagne le 13 octobre, les Hessois le 14, les troupes du Prince-Primat le 19, pour aller coucher à Irun.

Les rares documents laissés par les Allemands, acteurs dans cette guerre, sont unanimes à constater le sentiment de profonde tristesse avec lequel les contingents de la Confédération entreprenaient cette lointaine expédition. L'éloignement du pays natal; des alliés qui, hier encore, étaient des ennemis; la différence de mœurs et de climat; le carac-

tère que semblait prendre la guerre, expliquent tout natu-
rellement la mélancolie du départ. « Ce n'étaient plus des
gouvernements qu'il fallait vaincre, c'étaient des masses
qu'il fallait soumettre ; il ne s'agissait plus de manœuvres
savantes à méditer, mais d'un territoire entier à occuper.
A la place des villages abondants, des belles routes, des
peuples bienveillants de l'Allemagne, on allait rencontrer
un chaos de montagnes où l'on trouve à chaque pas des
éboulements, des crevasses, des défilés profonds où trois
cents hommes suffiraient pour arrêter une armée ; des
plaines nues dont rien de vivant que le genêt et la bruyère
ne coupe l'uniformité ; des pentes déboisées qui n'amassent
plus les nuages, où les pluies glissent sur les rochers et
n'engendrent que des torrents ; des ravins impraticables
par leurs eaux en hiver, par leurs escarpements en été ;
des ruisseaux encaissés dans une lisière de verdure, où l'on
suit à la trace les plantations et les hameaux ; des rivières
aux eaux rares, aux flancs décharnés, coupées de barres et
de sauts multipliés, où la navigation est presque impossible,
les gués dangereux, les ponts peu communs ; des routes
très-rares, qui sont ou des défilés ou des fondrières ; des
villes isolées, bâties sur des hauteurs ou concentrées dans
des murs ; des villages distants et à demi sauvages ; des
habitants fiers, sobres, courageux et farouches : pays éminemment propre à la guerre défensive et d'une conquête
presque impossible ; « grand corps, dit Suchet, qui manque
» d'embonpoint, mais qui a encore des nerfs et des muscles. »
(*Lavallée.*)

Les premiers jours de marche en Espagne n'étaient pas
de nature à modifier les pénibles impressions du départ. Une
pluie persistante, des chemins qui n'étaient, le plus souvent,
que le lit d'un torrent, rendaient plus difficile encore une

marche déjà fatigante par elle-même, car il fallait s'avancer en colonne de manœuvre et s'éclairer comme à portée de l'ennemi. Arrivé au gîte, on trouvait pour coucher un peu de paille humide dans les vastes salles de quelque couvent; on obtenait à grand'peine des distributions insuffisantes, et les premières nuits s'écoulaient ainsi, sans sommeil, autour de maigres feux. Puis, une fois en marche, c'étaient de longs convois de blessés se dirigeant sur Bayonne, entassés sur des lourds chariots aux essieux grinçants, que des bœufs traînaient lentement.

Nous avons vu que, d'après les instructions de l'Empereur, les Allemands devaient gagner Vittoria, quand un contre-ordre, reçu en route, vint leur prescrire de se porter, sans retard, sur Durango où la fâcheuse position de l'armée nécessitait des renforts. La junte centrale insurrectionnelle d'Aranjuez avait adopté, en effet, un plan de campagne qui consistait à envelopper l'armée française retirée sur l'Èbre et concentrée autour de Vittoria, en débordant ses deux ailes par Bilbao et Pampelune. Le roi à Vittoria, Moncey à Pampelune, craignaient de ne pouvoir contenir l'ennemi. Blake, à la tête de 45 000 hommes, avait longé les montagnes des Asturies, passé à Espinosa, et, le 11 octobre, il attaquait les avant-postes du général Merlin qui occupait Bilbao. Le général, inférieur en nombre, se replie sur Zornosa; l'ennemi le suit jusqu'à moitié chemin et s'arrête. C'était une faute, et dès lors le succès de son opération devenait fort douteux. Néanmoins, le roi, très-inquiet de ce mouvement offensif qui pouvait le couper de Bayonne, avait prescrit de réunir à Durango les troupes venant de France et notamment les contingents de la Confédération du Rhin. Le régiment de Nassau y arrivait le 15 octobre; les Badois, le 16; les Hessois, le 17; et le 18 le général Leval prenait le commandement de la division et du 4e corps, en l'absence du maréchal Lefebvre non encore arrivé.

C'est cette division, renforcée, le 22, par le bataillon de Francfort, et quelques jours plus tard par les Hollandais, que nous allons voir, pendant cinq ans, prendre une part importante à toutes les batailles de l'ouest et du centre de la Péninsule.

Elle ne devait point tarder, d'ailleurs, à recevoir le baptême du feu. Le 24, l'ennemi dirige une forte reconnaissance sur Zornoza, et, à quatre heures, il attaque le général Merlin. Le général Leval, laissant les Hessois à Durango, se porte en avant avec les régiments de Baden et de Nassau, afin de couvrir les débouchés, entre lui et le général Merlin. Il faisait nuit quand ces troupes arrivent, après une marche fort pénible; elles bivouaquent alors, sous une pluie torrentielle, et, le 25 au matin, le 1er bataillon badois prend une position de soutien en arrière et à droite de Zornosa. Il avait pour mission d'empêcher que les Espagnols ne tournassent la droite du général Merlin; les voltigeurs se déploient sur la droite, dans la montagne, et tiraillent pendant tout le jour avec l'ennemi qu'ils tiennent en respect. Dans la nuit, l'ordre est donné de se replier sur Durango, que les troupes atteignent au point du jour, après une marche exécutée, le plus souvent, en suivant le lit du torrent. Les Espagnols montraient des forces considérables. (30 000 hommes environ). Le maréchal Lefebvre, arrivé en poste de Vittoria et jugeant la position mauvaise, prescrivait au général Merlin d'évacuer Zornosa et de venir rejoindre le général Leval à Durango.

En même temps, le roi, toujours préoccupé des entreprises de Blake sur sa droite, dirigeait également, par Mondragon, sur cette ville la division Willatte du 1er corps, bientôt suivie de la division Sebastiani, appelée à devenir la 1re division du 4e corps, dont la division allemande formait la 2e division.

Le même jour (28 octobre) arrivait encore à Durango, une brigade Hollandaise (infanterie, cavalerie et artillerie). Le petit corps du général Merlin était dissous ; les troupes qui en faisaient partie rentraient à leurs corps et la division allemande, renforcée des Hollandais, se trouvait définitivement constituée à trois brigades (1).

(1) Situation au 1er novembre 1808.

4e Corps d'armée. — Commandant en chef : Maréchal duc DE DANTZIG.

2e Division : général LEVAL.

Commandant provisoirement les 1re et 2e brigades : général SCHAEFFER.

		Présents.	Malades.	Total.
1re brigade.	2e Rég. (léger) d'inf. de L. A. S. les duc et prince de Nassau.	1537	66	1861
	4e Rég. de S. A. R. le Grand-duc de Baden..............	1610	118	1850
2e brigade.	4e Rég. de S. A. R. le Grand-duc de Hesse-Darmstadt.......	1455	150	1678
	Bataillon de S. A. S. le Prince-Primat.	813	23	836

Commandant la 3e brigade : général CHASSÉ.

		Présents.	Malades.	Total.
3e brigade.	Infanterie de S. M. le Roi de Hollande. { 1er bat. du 2e rég. 2e bat. du 4e rég. }	1583	»	1723
	Total de l'infanterie..	6998	357	7948

	Présents.	Malades.	Total.
Artillerie et train de Baden.............	204	»	204
Artillerie et train de Hesse-Darmstadt...	96	»	96
Artillerie légère hollandaise..........	91	»	91
Train hollandais..................	76	»	76
Mineurs hollandais................	37	»	37
Total de l'artillerie..	504	»	504

Blake, à la tête de 20 à 22000 hommes, moitié troupes de ligne, moitié étudiants et paysans, avait suivi le mouvement de retraite du général Merlin et s'était avancé sur les hauteurs qui font face à Durango. Du haut de ces positions, « ses soldats poussaient des cris, insultaient nos troupes, les menaçaient du geste ». A ce moment, les têtes de colonne de la grande armée commençaient à arriver en Espagne ; l'Empereur les suivait de près.

Malgré les ordres formels de ne rien entreprendre avant que Napoléon eût pris le commandement, le maréchal Lefebvre ne put résister au désir de châtier ces troupes qui le bravaient. Il fait distribuer double ration d'eau-de-vie, 60 cartouches par homme, plus un mulet par bataillon pour porter les munitions, et il donne des ordres pour que l'attaque commence le 31 octobre au matin.

Ainsi que nous l'avons dit, les Espagnols étaient établis en avant de Durango, sur une ligne de hauteurs ; leur

Division de cavalerie.

Commandant provisoirement la division : général de brigade MAUPETIT.

Chasseurs de Nassau, 1 escad. (En route pour rejoindre)	133	»	50
Chevau-légers westphaliens, 4 escad. (En route pour rejoindre)...............	461	18	525
3ᵉ Rég. de hussards hollandais, 4 escad.	493	»	493
Total de la cavalerie..	1087	18	1168
Total général	8589	375	9620

Les dépôts de ces divers corps étaient établis aux environs de Bayonne, savoir : Baden à Bassussary ; Nassau, Prince-Primat et Hesse à Mouguerre ; Hollandais à Briscous.

(*Note.* — La différence entre les chiffres partiels et le total provient des hommes détachés ou en route pour rejoindre. Cette observation s'appliquant à toutes les situations, nous ne la répéterons plus).

2

droite, moins solidement appuyée, paraissait pouvoir être tournée.

Le maréchal divise ses troupes en trois colonnes ; celle du centre, formée de la division Sebastiani et couverte par les voltigeurs badois, devait suivre la route de Zornosa. La colonne de droite, sous les ordres du général Leval et dirigée par le maréchal en personne, se subdivisait en deux colonnes de brigade ; la première, à droite, se composait du 27e léger et du 63e de ligne ; la seconde, à gauche, avait en tête le régiment léger de Nassau, suivi du régiment de Baden.

A l'aile gauche, le général Willatte avait également formé ses troupes par brigade, la première composée des deux régiments restants de sa division (94e et 95e) et du bataillon de la garde de Paris ; la deuxième, du régiment hollandais en tête et du régiment de Hesse. Toutes ces troupes étaient en colonne serrée par peloton. Le bataillon du Prince-Primat avait été laissé à la garde du quartier général.

Au point du jour et par un épais brouillard, l'attaque commence par notre gauche. Le général Willatte se porte vigoureusement sur la position ; les Espagnols tiennent à peine et se laissent culbuter de poste en poste jusqu'au fond de la vallée. Un feu allumé par le général Willatte vient donner le signal au centre et à la droite, qui se portent en avant avec non moins d'énergie, et refoulent si vivement l'ennemi que l'on eut à peine le temps de le joindre. 15 à 1800 hommes furent tués ou blessés du côté des Espagnols ; nos pertes étaient d'environ 200 hommes.

C'était le premier engagement sérieux de la campagne, et les troupes allemandes s'y étaient fort bien montrées. Afin de leur en témoigner sa satisfaction, le maréchal prit

pour sa garde, le soir de l'affaire, un bataillon de Baden et
un bataillon de Nassau. Le reste des troupes bivouaqua en
avant de la ville, abandonnée par ses habitants et dans
laquelle on trouva encore quelques vivres (1).

Le 1er novembre, le maréchal Lefebvre, laissant Durango
sous la garde d'une compagnie du bataillon de Francfort et
d'un peloton de hussards hollandais, se dirige, en trois colonnes, sur Bilbao, capitale de la Biscaye, où tout le corps
se trouvait réuni dans la soirée, sans avoir rencontré l'ennemi. Les habitants de Bilbao avaient fui également; les
troupes bivouaquent autour de la ville.

Le 2, au point du jour, la division Willatte se porte sur
Balmaseda; le 3, les divisions Sebastiani et Leval suivent
le mouvement, par de mauvais chemins, le long des gorges
du Salcedon. Le soir, elles campent en colonne serrée au
village de Zalla, à plus de moitié chemin de Balmaseda.
Arrivé à ce point, « le maréchal n'osa aller plus loin; car,
au delà de Balmaseda se trouvait le col qui conduit par
Espinosa, dans les plaines de Castille, et ayant déjà combattu sans ordre, c'eût été trop que d'étendre davantage
ses opérations. Laissant donc à Balmaseda la division Willatte, qui n'était pas à lui, mais au maréchal Victor
(1er corps), il se replia avec les divisions Leval et Sebastiani
par Guenès et Quadro, sur Bilbao où l'on parvint à nuit
close et où les troupes s'installèrent comme elles purent,
partie dans les maisons abandonnées, partie au bivouac. »

(1) *Extrait du rapport du maréchal Lefebvre.* — « J'ai beaucoup à me
louer de toutes les troupes françaises et étrangères, particulièrement des 27e,
28e, 32e, etc., ainsi que des troupes de Baden, de Nassau et Hollandaises.
Je demande à V. E. la décoration de la Légion d'Honneur pour le général
hollandais Chassé, pour M. le colonel du régiment de Baden, pour celui du
régiment de Nassau, et 4 étoiles pour les régiments de Baden, Nassau et
Hollandais qui, tous, se sont distingués.

Telle était la situation au moment où l'Empereur arrivait à Vittoria (5 novembre). Ses intentions avaient été entièrement méconnues, puisqu'il avait voulu qu'on se laissât presque tourner par la droite et par la gauche, afin d'être plus sûr, en débouchant de Vittoria, de prendre à revers les deux principales armées espagnoles. Le double mouvement de Ney et de Moncey contre Castaños et Palafox, sur l'Èbre, et de Lefebvre contre Blake, avaient eu pour résultat de dégager les généraux ennemis sans qu'ils s'en aperçussent. Dès le 6, Napoléon donne des ordres pour ramener les opérations à son plan primitif, encore excellent malgré les engagements prématurés de ses lieutenants.

En conséquence, le maréchal Victor (1er corps), qui avait déjà une division (Willatte) à Bilbao, reçoit l'ordre d'appuyer le maréchal Lefebvre par la route de Vittoria à Orduña, et de revenir ensuite par Orduña, rallier le centre de l'armée française.

Le maréchal Moncey devait se borner, jusqu'à nouvel ordre, à couvrir l'Èbre, de Logroño à Calahorra.

Sa droite et sa gauche étant assurées, mais sans être portées en avant, Napoléon résolut alors de déboucher par le centre avec les corps de Soult et de Ney (2e et 6e), la garde et la plus grande partie des dragons.

Ces dispositions, arrêtées dans les journées des 6-7 novembre, étaient encore suspendues par un nouvel incident. Blake, repoussé de Bilbao et de Balmaseda, s'était arrêté vers les gorges qui forment l'entrée de la Biscaye; il y avait été rallié par le corps du marquis de la Romana arrivant du Danemark, et par d'autres troupes laissées sur ses flancs. Avec ces renforts, qui lui donnaient à peu près 36 000 hommes, il reprenait son plan de début; le 5, il se portait sur Balmaseda, et la division Willatte, qui s'y

trouvait seule, se retirait, avec des pertes considérables
mais en bon ordre, sur Bilbao.

Cette affaire causa à l'Empereur un redoublement d'hu-
meur contre ses généraux ; il leur fit adresser par le major
général une réprimande sévère, ordonna à Lefebvre de revenir immédiatement sur Balmaseda, à Victor de rebrousser
chemin vers la Biscaye, de pousser Blake avec la plus
grande vigueur, et de l'accabler même s'il en trouvait l'occasion. Malgré son projet de percer le centre de l'ennemi
avant d'agir contre ses extrémités, Napoléon ne voulait pas
se mettre en mouvement sans s'être assuré d'abord, qu'une
faute sur ses ailes ne viendrait pas compromettre la base
de ses opérations.

Au reçu de la dépêche qui lui marquait le mécontentement de Sa Majesté, le maréchal Lefebvre se hâtait de
prendre ses dispositions pour marcher sur Balmaseda. Dans
la matinée du 7, il se met en mouvement, par Sodupe et
Guenès, avec les divisions Willatte, Sebastiani et Leval,
formant un total d'environ 18 000 fantassins, presque sans
artillerie ni cavalerie, car on ne pouvait en conduire dans
ces gorges sauvages et sans chemins.

La route suivait le fond de la vallée ; le maréchal s'avançait ayant la division Willatte à gauche, la division Leval
sur la route même, la division Sebastiani un peu en avant et
à droite. Cette dernière force d'abord le village de Sodupe ;
puis, se portant au delà, elle rencontre sur les hauteurs de
Guenès, Blake avec 20 000 hommes environ et 3 pièces.
Les troupes gravissent aussitôt les hauteurs ; mais, arrivées
au sommet, elles les trouvent déjà abandonnées. Pendant
ce temps, la division Leval renversait tous les obstacles sur
la route, et le 28e de ligne, de la division Sebastiani, traversant la rivière qui forme le fond de la vallée, mettait en

fuite, sans pouvoir les atteindre, 10 000 Espagnols restés sur les hauteurs de gauche.

Le lendemain, 8 novembre, Lefebvre établissait son quartier général à Nava et entrait en communication avec le corps de Victor.

Napoléon apprit, dès le 9, le succès de ses lieutenants; jugeant le moment venu pour agir, il se porte avec son centre sur Burgos, bat et disperse l'armée d'Estramadure (10 novembre). En même temps, Victor et Soult écrasent Blake à Espinosa (11) et à Reynosa. Puis, et coup sur coup, Lannes bat Palafox et Castaños à Tudela (23); Napoléon, assuré sur ses flancs, s'ouvre le chemin de Madrid en forçant le fameux col de Somo-Sierra (30). Le 4 décembre, la capitale ouvrait ses portes, et l'Empereur, établi à Chamartin, préparait les mesures politiques et militaires qui semblaient devoir assurer cette rapide conquête.

Pendant que ces victoires successives ramenaient le roi Joseph sur son trône, nous allons revenir en arrière pour suivre de plus près la marche du 4ᵉ corps et des troupes allemandes.

Le 9 novembre, Victor avait eu une entrevue avec Lefebvre et lui avait promis de concerter sa marche avec la sienne; mais une sourde mésintelligence divisait les deux maréchaux, et Victor, reprenant la division Willatte, se remettait en marche, poussant devant lui l'armée de Blake. Le 10, dans l'après-midi, il se trouvait en présence de l'ennemi, fortement établi à Espinosa.

Lefebvre, réduit aux deux divisions Sebastiani et Leval (cette dernière diminuée du bataillon de Francfort, d'un bataillon hessois et des troupes hollandaises laissées à l'occupation de Bilbao, Durango, Balmaseda, etc.), continue donc seul son mouvement sur Burgos, suivant une route

parallèle à celle de Victor, mais un peu en arrière et à
gauche. Après une marche fort pénible, le 4ᵉ corps vient
bivouaquer à Quintanilla-Sapenna; plus de 1200 hommes
de la division Leval, exténués et hors d'état de suivre,
étaient demeurés en arrière.

Sur ces entrefaites, Victor avait fait savoir qu'il se trouvait en présence de forces supérieures et demandait qu'on
l'appuyât. Le lendemain, 11 novembre, le 4ᵉ corps se
remet donc en route, sans son artillerie, qui ne devait rejoindre que plus tard, et arrive à la gauche du 1ᵉʳ corps au
moment où la bataille se terminait par la déroute de Blake.
Jugeant son appui désormais inutile à Victor, le duc de
Dantzig continue son mouvement par la route de Villarcajo,
qui lui avait été indiquée comme la plus facile pour gagner
Reynosa, et, le 11 au soir, il établit son quartier général à
Villarcajo, couvert par la division Sebastiani. La division
allemande bivouaquait à Villacanes, ayant la Nela sur son
front.

Le pays était couvert des bandes dispersées de l'armée
de Blake. Le général Leval, fort inquiet du sort de son artillerie et des nombreux traînards laissés en arrière, donne
l'ordre au major de Grolmann, du régiment badois, d'exécuter, au point du jour, une reconnaissance sur les derrières du corps d'armée. Cette reconnaissance, composée
d'une compagnie de voltigeurs hessois, de deux compagnies
de grenadiers de Baden et de Nassau, et de 50 hussards
hollandais, ramenait beaucoup d'écloppés; mais elle en trouvait aussi bon nombre égorgés sur les chemins.

Le succès de cette tentative décidait le maréchal à former
un régiment permanent d'avant-garde, chargé, avec un peu
de cavalerie, d'éclairer le 4ᵉ corps. Dans la matinée du 13,
Lefebvre constituait lui même ce corps d'élite, placé sous

les ordres du colonel Bucquet, du 75ᵉ (1). Dès le lendemain, le régiment d'avant-garde entrait en service, et poussait une reconnaissance heureuse et hardie jusqu'à l'Èbre.

Le mouvement continue le 14 et le 15. Le 16, le 4ᵉ corps atteint Reynosa, point stratégique important où avaient été établis tous les dépôts de l'armée espagnole.

Le maréchal Soult y était entré, le 14, avec ses quatre divisions, et il se disposait à en repartir pour aller soumettre les Asturies. D'après les ordres de l'Empereur, le 4ᵉ corps était appelé à soutenir le 2ᵉ dans cette expédition, et Soult demanda au duc de Dantzig de porter une tête de colonne sur Santander. On fit choix, à cet effet, de la 1ʳᵉ brigade allemande (régiments de Baden et de Nassau), et le général Leval prit, lui-même, le commandement de cette brigade détachée au 2ᵉ corps.

Il arrive, le 17, à deux lieues de Santander, fait halte le 18, et, le 19, il se dirige sur Santillana. Pendant ce temps, Soult culbutait l'ennemi à San-Vicente, et la brigade allemande recevait l'ordre de gagner Potès. Le même jour, le maréchal Soult informait Lefebvre qu'il croyait utile aux intentions de l'Empereur qu'il vînt de sa personne, avec le reste du 4ᵉ corps, rallier cette brigade à Potès.

Mais, en même temps que cette dépêche, le duc de Dantzig recevait, du major général, l'ordre de réunir immédiatement son corps d'armée, de quitter Reynosa, et de

(1) Sa composition était la suivante :

1ᵉʳ bataillon. Commandant Pigne, du 58ᵉ.	{ 2 Compagnies de voltigeurs du 28ᵉ de ligne. 2 id. id. du 32ᵉ — 2 id. id. du 58ᵉ —	
2ᵉ bataillon. Major de Grolmann, du régiment de Baden.	{ 2 Compagnies de voltigeurs du 75ᵉ de ligne. 2 id. id. du rég. de Baden. 2 id. id. du rég. de Nassau.	

venir prendre position sur le Carrion, pour couvrir Burgos et maintenir Valladolid pendant que l'Empereur passerait le Douro et marcherait sur Madrid. Par suite, au lieu de se diriger sur Potès, le maréchal envoyait au général Leval l'ordre de le rejoindre le plus tôt possible, et, avec le reste de son corps, il se mettait aussitôt en marche sur le nouveau point qui lui était assigné.

Le maréchal Soult n'aimait pas à se dessaisir des troupes dont il avait la disposition. Ce fut avec un vif mécontentement qu'il apprit l'ordre donné au général Leval, et il fit tant que cet ordre ne pût être exécuté et que la brigade allemande ne rallia plus son corps d'armée que dans Madrid.

Le 24 novembre, Lefebvre, sans artillerie ni cavalerie, et réduit à la division Sebastiani, arrive à la petite ville de Carrion, où il s'arrête. Il y est joint par le prince d'Ysembourg, venant de Burgos, par Castroxeritz, avec deux compagnies de marche et l'artillerie légère hollandaise (6 pièces). La position du duc de Dantzig était fort difficile : d'une part, des ordres formels de Napoléon, trouvés à Carrion, lui enjoignaient de hâter son mouvement et de se porter, sans retard, sur Tudela del Douro ; d'autre part, la dissémination de son corps ne lui permettait guère de pousser plus avant.

En effet, le général Leval était toujours aux environs de Potès, avec les régiments de Baden et de Nassau ; la brigade hollandaise, la majeure partie des bataillons de Francfort et un bataillon de Hesse occupaient Durango, Bilbao, etc. ; quatre pièces de la batterie badoise et la batterie hessoise étaient détachées, depuis la fin d'octobre, à la division Lagrange, du corps de Ney. La cavalerie était également en arrière : l'escadron de chasseurs de Nassau, parti de Bayonne le 6 novembre, était arrivé le 24 à Burgos. Là, il avait trouvé des instructions de l'Empereur, aux termes desquelles il était affecté, avec le 118° de ligne, au service de la place de Burgos et à la surveillance des communications avec la France. Le régiment de chevau-légers westphaliens avait quitté Bayonne le 20 novembre. A cette époque (24), il n'était encore qu'à Vittoria, et, d'ailleurs, les ordres de Napoléon prescrivaient de l'arrêter aussi à Burgos.

Après avoir inutilement attendu le général Leval jusqu'au 28, Lefebvre se décide à continuer seul son mouvement. Le 29, il quitte Carrion et gagne Palencia, sur la grande route de Valladolid à Bayonne. C'était le jour même où l'Empereur forçait le fameux col de Somo-Sierra, que les Espagnols regardaient comme infranchissable.

Le 30, le 4° corps gagne Valladolid, centre des routes du bassin du Douro, dans une belle plaine, au confluent de l'Esguera et de la Pisuerga. Le 1ᵉʳ Décembre, bivouac à Puente del Douro; le 2, le corps d'armée gagne Olmedo. Le 2° bataillon d'avant-garde s'établit au village d'Aguazal. C'est là que l'on apprend la victoire de Somo-Sierra, qui ouvrait à Napoléon la route de Madrid. Des ordres sont donnés pour accélérer la marche et pour descendre, par Ségovie, sur l'Escurial.

Le 4 décembre, arrivée dans la vieille ville de Ségovie, bâtie sur un rocher élevé. Le 2° bataillon de Hesse-Darmstadt y est laissé, avec quelques artilleurs, pour former la garnison de l'Alcazar, ancien château moresque servant de citadelle.

Le 5, bivouac à Guadarrama, où l'on reçoit la nouvelle de l'entrée des Français dans Madrid. Le 4° corps a l'ordre de venir sur la capitale; il arrive, le 6, à l'Escurial; le régiment d'avant-garde, désormais inutile, est licencié. Les deux compagnies de voltigeurs de Baden et de Nassau, séparées de leurs régiments depuis le 15 novembre, se

joignent provisoirement à l'artillerie badoise. Cette artillerie (une demi-batterie) avait été désignée, dans le principe, pour accompagner la 1re brigade de la Confédération
dans son mouvement sur Santander; mais, hors d'état de
suivre la colonne dans les montagnes sauvages où celle-ci
s'était engagée, elle avait regagné la grande route, et, se
réunissant à l'artillerie légère hollandaise, elle avait suivi
le 4e corps.

Le 8 décembre, le corps du maréchal Lefebvre vient se
cantonner au Pardo, aux portes de Madrid, et le maréchal
va prendre les ordres de l'Empereur. Le lendemain, le
général Leval arrive enfin avec sa brigade, et, le 10, la
division allemande est passée en revue par Napoléon. « Sa
Majesté a passé aujourd'hui la revue des troupes de la Confédération du Rhin, commandées par le général Leval. Les
régiments de Baden et de Nassau se sont bien comportés.
Le régiment de Hesse-Darmstadt n'a pas soutenu la réputation des troupes de ce pays, et n'a pas répondu à l'opinion qu'elles avaient donnée d'elles dans la campagne de
Pologne. » (17e *bulletin de l'armée d'Espagne*). A l'occasion de cette revue, l'Empereur faisait d'assez nombreuses
promotions, ainsi que la faculté lui en avait été attribuée
par les princes de la Confédération.

Le 4e corps n'avait pu être entièrement réuni depuis son
départ de Reynosa; Napoléon résolut de profiter de son séjour aux environs de Madrid pour le constituer sur de
nouvelles bases avant de poursuivre les opérations, et il lui
donnait la composition suivante :

    1re Division (française), général Sébastiani.
    2e   id.   (allemande), général Leval.
    3e   id.   (polonaise), général Valence (1).

(1) La division polonaise, officiellement appelée « division du grand-duché

Artillerie : 3 batteries françaises, 1 batterie hollandaise, 1 batterie badoise, 1 batterie hessoise.

Le tout devait former, avec la cavalerie, un total de 12 000 à 13 000 hommes et de 36 bouches à feu.

Par suite de cette nouvelle répartition, des ordres sont aussitôt expédiés au général hollandais Chassé, qui commandait à Bilbao, pour qu'il ait à gagner Madrid avec sa brigade, le bataillon du Prince-Primat et le 1er bataillon du régiment de Hesse, laissé en Biscaye, et alors en colonne mobile avec le général Grandjean, entre Bilbao et Santander.

En même temps, la division polonaise entrait à Madrid, ainsi que le régiment de chevau-légers westphaliens, une partie des hussards hollandais, la batterie hessoise et la seconde moitié de la batterie badoise. Le 12 décembre, l'Empereur passe une nouvelle revue du 4e corps, ainsi reconstitué, en dehors de la porte de Ségovie.

Cette revue fut fort belle, l'attitude des troupes excellente, et, dès lors, le 4e corps était en mesure de reprendre les opérations. Laissant à Madrid la division allemande pour faire le service de la place conjointement avec la division Lapisse, du 1er corps, le duc de Dantzig, accompagné des divisions Sebastiani et Valence, de 10 pièces hessoises, badoises et hollandaises, de la cavalerie légère de Lasalle et des dragons de Milhaud, descend le Guadarrama, pour gagner le Tage à Talaveyra et former la droite de l'armée.

Pendant les événements qui précèdent, l'armée anglaise s'était avancée par Salamanque, sur Toro, quand elle apprit les défaites d'Espinosa et de Tudela. Continuer son mouve-

de Varsovie, » s'était formée à Sedan et à Mézières. Elle comprenait les 4e, 7e et 9e régiments d'infanterie, 1 compagnie d'artillerie et 1 compagnie de sapeurs. Elle était entrée en Espagne dans les derniers jours de novembre 1808,

ment en avant eût été imprudent; elle se disposa donc à battre en retraite; mais, auparavant, elle voulut tenter de couper Soult, qui était toujours dans les Asturies, et, à cet effet, elle se dirigea de Toro sur Mayorga. Napoléon, instruit de ce mouvement et débarrassé pour le moment des masses espagnoles, forme le projet de couper, à son tour, les Anglais des routes de la Galice et du Portugal. On connaît ce brillant épisode de la guerre d'Espagne, qui se termina par l'embarquement de toutes les troupes du général Moore à la Corogne (10 janvier 1809). Le maréchal Lefebvre avait été appelé à concourir à ces opérations, en éloignant les Espagnols du Tage et en se portant ensuite, par Placencia, sur la route de Ciudad-Rodrigo, afin de fermer la retraite aux Anglais dans le cas où ils chercheraient à se retirer sur le Portugal.

Le maréchal avait, en effet, enlevé le pont d'Almaraz dans une brillante affaire où l'artillerie badoise s'était fait remarquer; mais ensuite, donnant une interprétation inexacte aux ordres de l'Empereur, il exécutait un faux mouvement qui dispersait son corps d'armée. Traversant les montagnes de Guadarrama, il revenait par l'Escurial, à Madrid, où il rentrait le 10 janvier 1809, ayant perdu beaucoup de traînards, une grande partie de ses voitures, et peu satisfait des Polonais, qui, disait-il, ont de trop grands pieds et ne peuvent marcher, et qu'il demandait à remplacer par des Allemands, à défaut de troupes françaises, dans les expéditions de cette nature.

Napoléon, fort mécontent de cet insuccès, retira au duc de Dantzig le commandement du 4e corps, qui fut réparti entre Madrid, Tolède et Talavéyra, et placé provisoirement sous les ordres du maréchal Jourdan, chef d'état-major général du roi d'Espagne.

C'est ainsi que se terminait, pour les troupes de la Con-fédération, cette première campagne en Espagne. Des marches pénibles soutenues avec vigueur, quelques enga-gements heureux, une rigoureuse discipline, leur avaient donné droit de cité parmi leurs nouveaux frères d'armes. Dans la campagne de 1809, nous allons les voir prendre une part active aux nombreuses batailles dont la Péninsule fut le théâtre. Mais les effectifs diminuaient rapidement au milieu de ces incessantes fatigues, de ces périls de chaque jour, et ce n'était qu'au prix de renforts continuels que l'on parvenait à les maintenir à un chiffre raisonnable. Les envois commencent dès la fin de 1808; le 12 novembre, tous les malades et les écloppés laissés par la division de la Confédération dans les hôpitaux français, sont formés en compagnies de marche et quittent Bayonne, à l'effectif de 155 hommes. Bientôt après (24 novembre), un détache-ment de 258 hommes du régiment de Nassau arrive égale-ment à Bayonne, d'où il continue sur l'Espagne, pendant que, dans les dépôts d'Allemagne, d'autres recrues se pré-parent à les suivre.

SOMMAIRE DE LA CAMPAGNE DE 1809.

Situation générale. — Nouvelle composition de la division allemande ; sa situation d'effectif au mois de janvier. — Marche sur le Tage. — Nouvelle composition de la division de la Confédération du Rhin, qui devient 4e division du 1er corps (maréchal duc de Bellune). — Plan des opérations pour la conquête de l'Andalousie. — Passage du Tage et marche sur la Galeja. Retour sur Arzobispo ; expédition sur Arenas. — A la nouvelle de la prise de Saragosse, le roi se décide à tenter de nouveau l'expédition d'Andalousie. — Passage du Tage ; bataille de Mesa de Ybor et combat de Valdecañas. — Bataille de Medellin. — Événements survenus dans les autres parties de l'Espagne. — Colonne du général Kellermann dans la Galice. — La division Leval revient sur Almaraz, pour couvrir les communications du 1er corps, puis à Tolède ; elle rentre au 4e corps. — Le maréchal Soult évacue le Portugal. — Mouvement en avant du 4e corps ; la division Leval s'avance jusqu'à Almagro (1er juillet), et rentre à Tolède (25 juillet). — Situation critique du roi d'Espagne. — Effectif des troupes allemandes au 25 juillet. — Bataille de Talaveyra ; retraite de l'armée Anglo-Espagnole. — Les Français se portent sur Tolède ; passage du Tage (30 juillet) ; bataille d'Almonacid. — La division allemande rentre à Tolède. — Mouvement du 1er corps dans la Manche, appuyé par la division de la Confédération. — Retour à Tolède ; position dangereuse du 4e corps dans cette ville. — Arrivée du 5e corps. — Effectif des troupes allemandes au 19 novembre. — Bataille d'Ocaña. — La division allemande escorte les prisonniers sur Bayonne. — Fin de la campagne de 1809.

Les premiers jours de janvier s'écoulent sans incidents pour la division de la Confédération ; établie en majeure partie dans les couvents et les casernes de Madrid et du Retiro, elle se refaisait de ses fatigues passées et se préparait à de nouveaux combats. Bien que la ville fût tranquille en apparence, les rues n'étaient pas sûres, même en plein jour, et de fréquents assassinats venaient rappeler que ce calme factice était celui d'un peuple vaincu mais non soumis, toujours prêt à recommencer la lutte. Les bruits d'une guerre prochaine contre l'Autriche venaient encore ranimer l'ardeur des Espagnols.

Le 5 janvier, l'Empereur, qui allait quitter la Péninsule pour faire face aux nouveaux événements qui s'annonçaient derrière le Rhin, arrête définitivement la composition de la division allemande : «Le bataillon westphalien, le bataillon irlandais et le bataillon prussien, qui sont à Aranda, se rendront à Madrid pour faire partie de la division Leval, qui sera composée de :

1 régiment de Baden,
1 régiment de Nassau,
1 régiment de Hesse-Darmstadt,
1 bataillon du Prince-Primat,
2 bataillons hollandais,
1 bataillon westphalien,
1 bataillon du régiment de Prusse,
1 bataillon du régiment irlandais (1). »

Par suite des exigences ultérieures, ces trois derniers bataillons ne rejoignirent pas ; mais la division se complétait par l'arrivée successive des deux détachements mentionnés à la fin du chapitre précédent et des troupes amenées de Biscaye par le général Chassé, comprenant la compagnie de grenadiers du bataillon Primat, le 1er bataillon du régiment de Hesse, les deux bataillons d'infanterie et 80 hussards hollandais, à l'effectif total de 1526 hommes.

(1) Ces trois derniers corps n'étaient point composés de nationaux ; ils se recrutaient au moyen de déserteurs ou de volontaires et ne rendirent que de fort mauvais services.

Cette dernière colonne entre à Madrid le 7 janvier, et, dès le lendemain, les Hollandais et le bataillon de Francfort sont dirigés sur Aranjuez pour en garder le pont et les bacs. Ils y arrivent le 10, le jour même où les restes de l'armée anglaise s'embarquaient à la Corogne. Le repos momentané dont les autres troupes allemandes jouissaient à Madrid allait également cesser. Le maréchal Victor, à la tête du 1er corps, avait quitté les environs de la capitale pour se porter sur Cuenca, où le duc de l'Infantado réunissait une nouvelle armée; ce mouvement, joint à la rentrée du maréchal Lefebvre, laissait le général Lasalle isolé sur le Bas-Tage, avec sa cavalerie légère; un ordre de l'Empereur, en date du 9 janvier, prescrit à toute la division Leval de se rendre à Talaveyra pour surveiller le fleuve, pendant que les hussards hollandais et les chevau-légers westphaliens se réuniraient à Tolède (1).

(1) La situation d'effectif de la division était la suivante :

4e corps d'armée. — 2e division (général LEVAL).

	Bataillons.	Présents.	Aux hôpitaux.	Total.
1re brigade, prince D'YSEMBOURG.				
Régiment de Nassau.........	2	1055	495	1698
Régiment de Baden..........	2	904	557	1701
2e brig., gén. SCHAEFER (de Nassau).				
Régiment de Hesse..........	1 (1)	184	95	335
Bataillon de Francfort.........	1	388	338	858
3e brig., gén. CHASSÉ (Hollandais).				
Infanterie hollandaise.........	2	515	602	1653
TOTAL.........	8	3046	2087	6245
Artillerie de Baden et de Hesse..		116	»	116
Train de Baden et de Hesse.....		100	»	100
Artillerie légère hollandaise (2)..		57	16	86
Train hollandais (2).........		45	16	89

(1) Un bataillon était détaché à Ségovie.
(2) A Madrid.

3

Le 13 janvier, le général Leval quitte Madrid avec la
1ʳᵉ brigade, le bataillon de Hesse et la batterie badoise, et
prenant par Mora et Cevolla, où il laisse une compagnie
badoise, il arrive, le 17, à Talaveyra, où il établit son
quartier général. Il y est rejoint, le 18, par la brigade
hollandaise et le bataillon de Francfort venant d'Aranjuez.
C'était le premier mouvement des troupes allemandes vers
le midi de la Péninsule, et leurs lettres nous montrent
l'impression profonde que produisait sur eux l'aspect de
cette nature méridionale : « C'est un nouveau monde dans
lequel nous venons d'entrer, écrivaient-ils ; de grands et
riches villages, encore habités et cachés dans les figuiers
et les citronniers, de la viande et du vin en abondance, un
accueil presque bienveillant. » Mais, trop souvent, d'auda-
cieuses attaques venaient démentir ce calme apparent.

Avant de continuer le récit des événements, il est nécessaire de jeter d'abord un coup d'œil sur la région du Tage
comprise entre Talaveyra et Almaraz, qui va devenir un
des principaux théâtres d'opérations de la division allemande.

Le fleuve, qui coule torrentueusement dans un lit de
rochers, y est traversé par quatre ponts :

1° Le pont de Talaveyra, vieille construction en pierre,
de forme gothique. Le général Leval avait fait couper les
deux arches du milieu qui avaient été remplacées par une
charpente en bois, facile à enlever.

Détachement du régiment de hussards hollandais (1).
Détachement du régiment de chevau-légers de westphaliens (2).
L'escadron de chasseurs de Nassau, entièrement séparé de la division, fai-
sait le service de correspondance entre Burgos et Buytrago.

(1) Le reste du régiment (3 escadrons) faisait partie de la brigade Davenay (réserve de
cavalerie).

2° Le pont de l'Arzobispo, également en pierre, très-étroit et ne donnant passage qu'à une voiture. Deux tours, placées en son milieu, en facilitaient la défense.

3° Le pont d'el Conde ou d'el Cardenal. Comme il importait de réduire le plus possible le nombre des points à garder, le général Leval l'avait détruit, ainsi que nous le verrons plus loin.

4° Le pont d'Almaraz, le plus important de ces quatre points de passage. C'est une construction en pierre, à deux arches fort hautes, et dont chacune a plus de 100 pieds d'ouverture. Situé à une demi-lieue d'Almaraz et à 12 lieues en aval de Talaveyra, il est franchi par la grande route d'Estramadure par Truxillo, Mérida et Badajoz, la seule que l'artillerie et les voitures puissent suivre pour se rendre, de Madrid, dans les provinces du sud-ouest.

Les débouchés de ces quatre ponts sur la rive gauche sont fort difficiles et susceptibles d'une bonne défense. En face d'Almaraz, surtout, les montagnes, qui tombent presque à pic sur le fleuve, commandent la rive droite et la route.

La zone située directement au sud du Tage, très-montueuse, traversée seulement par quelques mauvais chemins, constitue un massif éminemment propre à la petite guerre et dans lequel l'infanterie seule peut opérer. La région qui s'étend au nord du fleuve est plus largement ouverte; mais, au delà du Tietar, on rentre de nouveau dans des montagnes abruptes, sauvages, habitées par une population hostile, et qui furent toujours un centre permanent d'insurrection.

Tel était le pays que la division allemande devait garder avec des troupes déjà affaiblies par les fatigues de leur campagne dans le nord de l'Es

Nous avons quitté le général Leval à Talaveyra. La division polonaise, laissée sur le Bas-Tage par le duc de Dantzig, avait été appelée à Tolède, et Lasalle se trouvait seul, avec sa cavalerie, sur la rive gauche, en avant d'Almaraz.

Le récent échec d'Uclès, où Victor avait battu le duc de l'Infantado (13 janvier), n'avait point diminué l'ardeur des Espagnols. L'armée du centre se reformait sous Vanegas, qui avait remplacé le duc; l'armée d'Estramadure, recrutée au moyen de nouvelles levées de paysans, avait été confiée à Gregorio de la Cuesta. Ces deux masses principales, échelonnées l'une sur les routes de la Manche, l'autre sur celles de l'Estramadure, de Mérida à Truxillo, inquiétaient vivement le roi qui venait de faire sa rentrée dans la capitale. Des proclamations en langues espagnole, française, latine, allemande et polonaise étaient affichées jusque sur les portes des casernes de Talaveyra; elles engageaient les soldats étrangers à quitter le service de la France pour entrer dans les armées espagnoles, et leur promettaient, s'ils le préféraient, de les rapatrier. Une guerre avec l'Autriche, alliée à la Turquie, y était également annoncée. Mais toutes ces insinuations demeuraient sans effet; le moment n'était point encore venu où l'affaiblissement de notre puissance leur donnerait un écho dans le cœur de nos alliés.

Aussitôt arrivé, le général Leval prend toutes ses dispositions pour garder le fleuve. Le régiment de Baden et la petite brigade hollandaise demeurent à Talaveyra; le 2ᵉ bataillon de Nassau, accompagné de deux pièces badoises, se rend au pont d'Arzobispo, pendant que le 1ᵉʳ bataillon, sous les ordres directs du colonel de Kruze, gagne, avec deux autres pièces badoises, le pont d'Almaraz pour appuyer le général Lasalle, qui, sentant la difficulté de sa position en

présence des forces qui se réunissaient autour de Truxillo,
ne cessait de demander des renforts d'infanterie.

Le 24 janvier, une première attaque vient montrer la
justesse de ses prévisions. Les Espagnols s'emparent du
village de Puerto. Voulant connaître exactement les troupes
qu'il avait devant lui, Lasalle donne l'ordre de reprendre
le village, « ce qui est exécuté avec beaucoup d'audace par
les voltigeurs de Nassau; j'ai même beaucoup d'éloges à
donner au capitaine de cette compagnie » (1).

Le 25, l'ennemi, profitant d'un épais brouillard, s'avance
de nouveau, en nombre plus considérable, et entoure le
village. La défense était impossible. Les assaillants pouvaient, en roulant des rochers, écraser la petite garnison;
la compagnie de Nassau se retire en bon ordre.

Cette première démonstration justifiait entièrement les
appréhensions de Lasalle, qui, en rendant compte de ces
événements, ajoutait : « Il faudrait beaucoup d'infanterie
à Almaraz, où il n'y a qu'un bataillon de Nassau, qui ne
compte pas plus de 400 hommes et qui est tout à fait insuf-
fisant pour la défense. C'est fournir volontairement aux
Espagnols l'avantage de voir fuir devant eux des troupes
françaises; aussi ai-je donné l'ordre au colonel du régiment
de Nassau de retirer tout son bataillon sur la rive droite du
Tage, de palissader le pont et de ne laisser qu'un passage
pour le service des postes avancés qui se trouvent à un
quart de lieue sur la rive gauche. »

Pendant ce temps, le général Leval s'était hâté de compléter ses dispositions défensives. Par son ordre, le général
Schaefer avait fait détruire le pont d'el Conde, et construire
quelques ouvrages pour la défense du pont d'Arzobispo;

(1) *Rapport du général Lasalle au maréchal Jourdan* (25 janvier 1809).

puis il était allé prendre le commandement des troupes de Nassau à Almaraz, où il arrivait le 25.

Comme complément de ces premières mesures et en raison de l'importance particulière d'Almaraz, le général Leval y envoyait également le 2ᵉ bataillon de Nassau et les deux pièces badoises, que remplaçait à Arzobispo le bataillon Primat. Le régiment de Baden et les Hollandais demeuraient en réserve à Talaveyra et aux environs. Le faible bataillon de Hesse (182 hommes) gardait Montalban et Cevolla. Une partie de l'artillerie hessoise était encore à Madrid ; le général la réclamait instamment.

Ces dispositions étaient sagement conçues ; mais, déjà, il était trop tard pour qu'elles pussent recevoir leur exécution en temps utile. Le 26, l'ennemi paraît, en effet, devant le pont d'Almaraz ; les voltigeurs de Nassau le maintiennent, durant toute la journée, devant le défilé de Miravète. Dans l'après-midi du 27, l'attaque recommence et le combat devient très-vif. Le bataillon de Nassau et les deux pièces badoises avaient presque complétement épuisé leurs munitions quand la nuit vient mettre fin à la lutte (1).

Le général Lasalle, établi à Belvis, avec sa cavalerie, n'avait pu être d'aucun secours. Tout faisait supposer que l'attaque reprendrait le lendemain ; en présence de l'inégalité des forces, il devenait impossible de conserver le pont, et, dès le 27 au soir, Lasalle prescrivait au général Schaefer de partir à trois heures du matin, dans le plus grand silence et en laissant ses feux allumés, pour se replier sur Navalmoral. La cavalerie couvrirait la retraite.

---

(1) « J'ai beaucoup à me louer du détachement qui a défendu le pont, » mais j'ai à regretter le capitaine de Trapp, mortellement blessé. Nous » avons eu, en outre, 3 tués et 6 blessés. » (*Rapport du général Schaefer au général Lasalle.*)

Ce mouvement s'exécuta tel qu'il était prescrit; mais un magnifique clair de lune ne permit pas de le dérober à l'ennemi, qui, d'ailleurs, ne chercha pas à l'inquiéter sérieusement. Le 28, avant le jour, le petit corps était en marche, après avoir enterré ses morts (1).

Les forces espagnoles s'étaient rapidement accrues au pont d'Almaraz et formaient une véritable armée de 15 à 20 000 hommes. Le roi ne supposait pas que l'intention de l'adversaire fût de porter la guerre sur la rive droite du Tage; mais il craignait que, fortement établi au pont, il ne fermât ainsi la seule route pour gagner l'Andalousie qu'il se proposait d'occuper. Il importait donc de ne pas laisser aux Espagnols le temps de se fortifier dans cette position; des ordres dans ce sens sont aussitôt expédiés au général Leval, et, dans la nuit même du 28 au 29, la division allemande se trouve presque complétement ralliée à la Calzada. Une compagnie badoise seulement avait été laissée à Talaveyra, pour garder le pont et l'hôpital. Une brigade de la division Sébastiani venait de Madrid à Arzobispo; la division polonaise se rabattait de Tolède sur Talaveyra.

Toutefois, les forces réunies à la Calzada étant évidemment insuffisantes pour reprendre Almaraz et refouler l'armée d'Estramadure, l'état-major général décidait de les faire appuyer, dans cette opération, par le 1er corps. Après sa victoire d'Uclès, le maréchal duc de Bellune s'était porté vers le sud et il était à Consuegra, quand, le 1er février, il y recevait l'ordre de repasser sur la rive droite du Tage, de rallier la division Leval et la cavalerie du général Lasalle, de reprendre le pont d'Almaraz, et de se tenir prêt à

(1) Un sous-officier et 3 soldats de Nassau, laissés en arrière avec un fourgon de pain, furent massacrés. Le capitaine de Trapp, mort en route et enseveli à Navalmoral, fut déterré et pendu à un arbre.

marcher ensuite sur Mérida et Séville, dès que Soult, qui descendait de la Corogne sur le Portugal, aurait atteint Oporto (1).

L'ennemi demeurait immobile devant Almaraz; la 2ᵉ brigade pousse, le 3 février, une reconnaissance sur Peraleda, pendant que la 1ʳᵉ, soutenue par quatre escadrons, dépassant Almaraz même, refoule les avant-postes espagnols et débouche en vue du pont. Un feu violent d'artillerie l'oblige alors à rétrograder. Cette reconnaissance montrait que l'adversaire était toujours en forces au pont; et les deux brigades vont donc s'établir à Navalmoral et à Peraleda, en attendant la venue du 1ᵉʳ corps.

Celui-ci arrive le 6; le maréchal Victor installe son quartier général à Oropeza, et la division de la Confédération, passant sous ses ordres, devient 4ᵉ division du 1ᵉʳ corps (2).

(1) Il y eut, à cette époque, un remaniement de la division, par suite de l'arrivée du général hessois Schaefer de Bernstein et du départ du général prince d'Ysembourg, appelé, sur sa demande, au commandement d'une brigade de dragons de la division Milhaud. La nouvelle composition fut la suivante :

1ʳᵉ brigade, dite d'avant-garde, général SCHAEFER DE BERNSTEIN.

Régiment de Nassau....................	2 bataillons.
Bataillon de Francfort................	1 —

2ᵉ brigade, général WERLÉ.

Régiment de Baden....................	2 —
Bataillon du régiment de Hesse...........	1 —

3ᵉ brigade, général CHASSÉ.

Régiment hollandais....................	2 —

Ces trois brigades, avec l'artillerie et le train, comptaient alors 3356 hommes présents; l'effectif total était de 6589 hommes, sur lesquels 2152 étaient aux hôpitaux.

(2) Ainsi composé : 1ʳᵉ division (Willatte); 2ᵉ division (Ruffin); 3ᵉ division (Lapisse), détachée; 4ᵉ division (Leval); division de dragons (Latour-Maubourg); division de cavalerie légère (Lasalle).

Dès lors, on était assez fort pour reprendre le pont; le maréchal se décide donc à l'enlever, de manière à être maître du passage quand le moment serait venu de se porter dans les provinces du sud-ouest. Son projet était de tourner la droite ennemie par le pont de l'Arzobispo, pendant que la division Leval, soutenue par la majeure partie de l'artillerie, attaquerait directement le pont d'Almaraz.

Tous les ordres sont donnés dans la journée du 9, et, le 10, dans la matinée, la 2ᵉ brigade gagne Navalmoral, où elle rallie la 1ʳᵉ brigade, la batterie badoise et deux régiments de cavalerie du général Lasalle. L'avant-garde, formée de six compagnies de voltigeurs des régiments de Baden et de Nassau et des bataillons de Hesse et de Francfort, était commandée par le major badois de Grolmann; elle avait pour instructions de déloger l'ennemi d'Almaraz, d'y prendre quelques otages en représailles des cruautés commises sur les soldats de Nassau; puis, à mesure que la division s'avancerait, de se rapprocher du pont autant que les circonstances le comporteraient.

Le temps était affreux, les armes pouvaient à peine faire feu; l'avant-garde s'avance cependant et trouve Almaraz entièrement abandonné, à l'exception de trois hommes, cachés dans une cave, et qui sont aussitôt envoyés au général Leval. Poursuivant son mouvement, elle débouche en vue du pont et s'établit sur deux mamelons qui dominent la rive opposée. De ce point, on distinguait parfaitement les travaux de défense des Espagnols, le pont fermé par une traverse et une double ligne d'ouvrages étagés précédant leur camp.

Toutes les dispositions étaient prises pour attaquer, le lendemain matin, cette forte position, quand un brusque contre-ordre ramène la division sur Almaraz; il était motivé

par de grands mouvements de l'ennemi, signalés comme
ayant lieu derrière le Tietar ; mais des renseignements plus
exacts ayant bientôt montré que cette agitation n'avait rien
d'inquiétant, le maréchal se hâte de revenir à son projet.
Le 14, la division Ruffin et la cavalerie de Lasalle passent le
Tage à Arzobispo et se portent sur Val de la Casa ; la division Willatte vient à Arzobispo.

Le 15, le général Leval se remet en marche à son tour et
gagne Almaraz avec sa division, les 9ᵉ et 14ᵉ de dragons,
14 pièces des divisions Ruffin et Willatte et 6 pièces de sa
division.

Le 16, la division Ruffin vient à Peraleda del Garbin, la
cavalerie de Lasalle à Mohedas, la division Willatte à Val
de la Casa. La division allemande marche sur le pont d'Almaraz ; mais, au moment où le bataillon d'avant-garde
arrive en vue du pont, une forte détonation retentit ; une
des arches venait de sauter sur une longueur de plus de
80 pas.

Cet événement arrêtait toute opération ; dans cette con-
trée, entièrement déboisée et sans ressources, plusieurs
semaines étaient nécessaires pour rétablir le passage. Cependant, le général Leval porte son artillerie sur les hauteurs ; des épaulements sont rapidement construits avec
des ballots de coton apportés de Navalmoral, et quelques
boulets sont lancés, à toute volée, sur l'ennemi qui levait
son camp et paraissait se diriger sur Mohedas.

Le 17, le maréchal envoie au général Leval l'ordre de ne
laisser au pont qu'une compagnie du génie pour la garde
du matériel et de le rejoindre, en toute hâte, à Arzobispo.
La division y arrive, après avoir marché pendant toute la
journée et la plus grande partie de la nuit.

En dépit du fâcheux contre-temps d'Almaraz, le duc de

Bellune était résolu à continuer, sans artillerie, son mouvement sur Truxillo. Le 19, la division allemande franchit
donc le Tage et se porte sur Mohedas; les Espagnols étaient
en position derrière la Galega; une rencontre paraissait
certaine pour le lendemain. Pendant que les généraux
Ruffin et Willatte attaqueraient de front, le général Leval
devait traverser la Sierra de Guadalupe, au col de San-
Vicente, et prendre à revers l'ennemi en fuite.

Le 20, dès le matin, la division de la Confédération se
met en mouvement; elle marchait depuis plusieurs heures
déjà, quand un contre-ordre la ramène sur Mohedas, où la
nuit se passe tout entière sur le qui-vive. Un double motif
avait dicté cette nouvelle résolution du maréchal Victor :
la position même de l'ennemi, qui, après une reconnaissance
préalable, avait paru trop forte pour être enlevée sans
artillerie, puis une dépêche du roi annonçant que l'armée
du centre marchait sur Tolède.

Le lendemain, 21 février, la retraite s'effectue en échelons; la division de la Confédération vient bivouaquer sur
les hauteurs en avant d'Arzobispo, l'aile droite appuyée à
la rive gauche du Tage, les grand'gardes sur le Pedroso.
Le reste du 1er corps et la cavalerie repassent sur la rive
droite.

Les journées du 21 au 23 février se passent sans incidents, les troupes conservant les mêmes positions. Le 24,
une nouvelle dépêche du roi arrive au quartier général,
portant que la division polonaise, qui était à Tolède, allait
être dirigée sur Saragosse dont le terrible siége se poursuivait toujours, et prescrivant de la faire relever par la division
allemande. Par suite, l'expédition d'Andalousie se trouvait
ajournée et les troupes du Tage devaient se borner à surveiller ce fleuve et le Tietar.

Au moment où cette dépêche parvenait au maréchal Victor, il était trop tard pour que les ordres du roi, relatifs à la division de la Confédération, pussent s'exécuter ; cette dernière venait, en effet, de partir pour châtier la petite ville d'Arenas où de nombreux soldats avaient été égorgés. Quand elle rentrait à Talaveyra, le maréchal venait de recevoir la nouvelle de la prise de Saragosse, ce qui rendait inutile le mouvement prescrit antérieurement (1).

(1) L'expédition d'Arenas peint trop fidèlement le caractère de cette guerre sauvage pour que nous la passions sous silence :

L'insurrection devenait de plus en plus vive sur le Tietar. Les montagnards, rejoints par les nombreux prisonniers qui parvenaient à s'échapper, se forti‑ fiaient, coupaient les ponts, et avaient même, disait-on, de l'artillerie. Dans plusieurs villages des soldats avaient été égorgés. A Arenas, vingt-cinq chevau-légers westphaliens avaient été massacrés. Le général Leval reçut la pénible mission de balayer les rives du Tietar et de tirer une ven‑ geance terrible des meurtres qui y avaient été commis. La division alle‑ mande se met en marche le 24 février au matin, passe le Tage, laisse à Ar‑ zobispo le bataillon de Francfort, détache sur Talaveyra le bataillon de Hesse, et, le 25 à neuf heures du matin, les régiments de Baden et de Nassau et la brigade hollandaise arrivent en face du pont du Tietar, en avant de Honta‑ nares, où ils sont rejoints par le 14ᵉ régiment de dragons, venant de Madrid. La rivière n'était pas guéable ; le pont, coupé sur une longueur de douze pieds, était défendu par une centaine de paysans ; les voltigeurs de Nassau les délogent promptement et le pont, réparé en quelques instants, donne passage à toute la colonne.

Au delà de la rivière s'étendait une petite plaine d'un quart de lieue, au bout de laquelle la route, qui s'élevait en pente rapide, était coupée par des épaulements et défendue par trois redoutes dans lesquelles on avait mis en batterie de mauvaises pièces de fer. Afin de cacher à l'adversaire la faiblesse de ses troupes, le général Leval déploie ses six bataillons sur un rang ; ainsi formé sur un front de dix-huit bataillons, il traverse la plaine, reforme ses troupes en deux colonnes et les lance sur la montagne qu'elles gravissent l'arme au bras. Les insurgés, effrayés, prennent la fuite sans attendre l'at‑ taque. Cet engagement leur avait coûté une centaine d'hommes, parmi les‑ quels le curé de Ramacastañas qui refusa de se rendre et fut fusillé sur place. Un spectacle navrant attendait les vainqueurs quand, parvenus sur l'autre versant, ils redescendaient à grands pas sur la jolie petite ville d'Are‑

La division Leval, épuisée de fatigue, avait le plus grand besoin de quelques jours de repos; le nombre des malades augmentait rapidement; les vivres, rares et mauvais, étaient insuffisants; les chaussures, usées par ces marches sans trêve, avaient disparu et étaient remplacées par des peaux de mouton, dont les soldats enveloppaient leurs pieds.

D'autre part, on avait renoncé à réparer le pont d'Almaraz, et l'on s'occupait de le remplacer par un pont de radeaux; mais le travail marchait lentement. En attendant qu'il fût achevé, la division allemande, répartie entre Talaveyra, Arzobispo et Cevolla, pouvait se refaire un peu et se préparer à reprendre prochainement la campagne.

La chute de Saragosse avait eu un profond retentissement en Espagne; le roi résolut d'en profiter pour se porter en avant. Bien que sans nouvelles, il supposait que Soult devait approcher d'Oporto; le pont de radeaux d'Almaraz était fort avancé; rien ne s'opposait donc à ce que le duc de Bellune commençât son expédition vers le sud-ouest. Le Tage devait être franchi sur trois points : à Talaveyra, par la cavalerie de Lasalle et la division Leval; à Arzobispo, par les divisions Willatte et Ruffin. Ces deux colonnes,

---

nas, blottie au fond de la vallée; des milliers d'hommes, de femmes, d'enfants s'enfuyaient éperdus, en poussant des cris de terreur; les troupes entrent dans la ville, où tout ce qui n'avait pu s'échapper est massacré; puis elles se mettent à la poursuite des fuyards et en tuent encore un grand nombre. On avait trouvé dans les caves des quantités considérables de vin, et le soir, les soldats égarés par l'ivresse mettaient le feu à la ville, qui bientôt ne fut plus qu'un vaste brasier.

Le lendemain, 26, la colonne se ralliait en dehors des ruines fumantes et l'avis suivant était affiché sur les arbres et devant les portes : « La ville « d'Arenas a été châtiée pour avoir assassiné des cavaliers français. » Le même soir, le petit corps était de retour à Talaveyra, où il s'établissait avec le 14e régiment de dragons.

sans artillerie, devaient ensuite se réunir, se rabattre à
droite, déloger le général de la Cuesta de ses positions, et
venir ouvrir le pont d'Almaraz à l'artillerie, aux dragons de
Latour-Maubourg et aux bagages.

Le mouvement commence le 15 mars, par un temps
affreux. La division allemande, laissant 200 hommes au
pont de l'Arzobispo, se porte, par Talaveyra, à Aldeanueva :
le général Lasalle la suit et va coucher à Alcodète. Le général
Latour-Maubourg, partant de Talaveyra, marche avec ses
dragons et toute l'artillerie sur Almaraz.

Le 16, la division allemande prend position à Peraleda del
Garbin, la division Willatte entre ce village et Val de la Casa,
le général Lasalle à Carascalejo. « Les Espagnols étaient établis, au nombre de 10000 hommes, derrière la Ybor. Ils
gardaient les débouchés de Fresnedoso et de Mesa de Ybor.
Le quartier général de Cuesta était à Deleytosa, le reste de
son armée était devant Almaraz et à Jaraicejo. Les positions occupées par les troupes ennemies étaient retranchées
et présentaient un aspect formidable. Le pays qu'il fallait
parcourir pour les atteindre est un des plus difficiles qu'il y
ait au monde ; ce ne sont que précipices multipliés à l'in-
fini (1). »

Le 17, le maréchal Victor ordonne à la division Leval de
se porter sur Mesa de Ybor, par Bohonal ; au général Ruffin
de suivre ce mouvement ; aux généraux Willatte et Lasalle
d'attaquer le point de Fresnedoso et de se porter ensuite,
par Deleytosa, sur Jaraicejo.

Après deux heures de marche, la division Leval se heurte
aux avant-postes ennemis, établis sur la rive gauche de
la Galeja, et qui se replient aussitôt sur Bohonal, où

_____

(1) *Rapport du maréchal duc de Bellune à S. M. C.* (19 mars 1809).

6000 hommes étaient en bataille dans une forte position. Le général Leval, s'arrêtant un instant pour donner à la division Ruffin le temps de se former en seconde ligne, établit ses troupes de la manière suivante :

Aile droite : général Schaefer de Bernstein :
    Bataillon du régiment de Hesse,
    Bataillon de Francfort.

Centre : général Schaefer :
    Les deux bataillons du régiment de Nassau.

Aile gauche : général Werle :
    Les deux bataillons du régiment de Baden.

Réserve : général Chassé :
    Les deux bataillons hollandais.

Les voltigeurs, déployés en tirailleurs, couvraient le front.

Nous laissons maintenant la parole au maréchal Victor :

« Le général Leval, arrivé à Bohonal, y a trouvé les ennemis en bataille au nombre de 6000 hommes ; il les a attaqués et chassés de cette position. Ils se sont reformés derrière la Ybor, qui est un torrent encaissé entre deux rochers à pic, de 3 à 400 toises de hauteur. Là, ils se sont défendus avec une grande opiniâtreté ; mais ils ont dû céder à la valeur des troupes allemandes et ils se sont retirés, défendant le terrain pied à pied, au col de la montagne qui sépare Mesa de Ybor de Deleytosa. Ce col était couronné de retranchements et armé d'artillerie ; il a donc fallu leur livrer un troisième combat pour les chasser de cette position extrêmement forte. Il a été pénible et sanglant. Après deux heures d'efforts inouïs de part et d'autre, les retranchements et l'artillerie, au nombre de 7 bouches à feu, ont été enlevés par la division Leval. Alors, les ennemis en déroute se sont sauvés dans la direction de Valdecañas et ont été se reformer derrière le torrent appelé Orzas, pour couvrir leur position du pont d'Almaraz. Il était trop tard pour les suivre, et les troupes allemandes étaient harassées de fatigue; elles ont donc pris position sur le champ de bataille. La division Ruffin s'est établie à Bohonal. — Le même jour, 17, le général Willatte a culbuté les ennemis qui étaient à Fresnedoso, et les a repoussés jusqu'à Deleytosa, où ils avaient des magasins à poudre qu'ils ont fait sauter, et se sont retirés sur Jaraicejo. Le général Willatte s'est établi à Deleytosa ainsi que le général Lasalle.

» Le 18, la division Leval s'est portée sur les ennemis qu'elle avait combattus la veille, par Valdecañas, et les a attaqués avec une impétuosité extraordinaire; malgré la difficulté du terrain et leur résistance, elle les a chassés de toutes leurs positions et les a conduits, de rochers en rochers, jusqu'au col de Miravète, où ils se sont de nouveau reformés derrière leurs batteries et leurs retranchements. Le général Leval a pu, de ce moment, communiquer avec le général Latour-Maubourg, laissé à Almaraz. Les sapeurs se sont de suite occupés de l'établissement du pont, qui, à ce qu'on me fait espérer, sera praticable, aujourd'hui 19, vers trois heures de l'après-midi. La division Latour-Maubourg et l'artillerie passeront aussitôt, et je pense que demain, 20, il me sera possible de former une attaque générale sur l'armée de Cuesta (1). »

(1) *Rapport du maréchal duc de Bellune à S. M. C.* — Ce rapport se terminait ainsi : « La division Leval a montré, dans ces diverses occasions, » une ardeur et un courage dont je ne puis trop faire l'éloge. Les officiers et » les soldats qui la composent sont dignes d'être les alliés de la France. Le » général Leval la conduit avec beaucoup d'habileté; il en est très-aimé; il » sait lui inspirer une grande confiance, et si toutes les troupes qui doivent » composer cette division étaient réunies, il en tirerait un très-grand parti. » Les pertes des Allemands dans cette affaire s'élevaient à 1 officier et 70

Mais l'ennemi, évitant cette attaque, se mettait en retraite vers le sud. Le 1er corps le suit, et, passant par Truxillo, où la division allemande laisse les Hollandais, et par Conquista de Santa-Cruz, il vient bivouaquer, le 27 mars, à Rena, près de la Guadiana. L'armée espagnole, forte de 25 à 30 000 hommes, était établie dans une belle position sur la rive gauche, derrière le torrent de l'Ortigosa. La 1re brigade allemande (Nassau et Francfort) fait halte pour couvrir l'artillerie de réserve; le reste de la division continue vers le pont de Médellin, qui est franchi sans combat. Le maréchal Victor fait occuper la ville, et le 28 mars, à onze heures du matin, les troupes débouchent sur l'autre rive.

L'ennemi paraissait plus disposé à attaquer qu'à reculer. Pour le joindre, il fallait d'abord franchir l'Ortigosa. Laissant la division Ruffin en deçà du pont jeté sur le torrent, le maréchal s'avance avec le reste de ses troupes (12 000 h. environ). En arrière de l'Ortigosa, on découvrait un plateau qui s'abaissait en plaine vers Don-Benito; on n'apercevait que le bord même du plateau et la partie de l'armée espagnole qui le couronnait; tout le reste était masqué par la déclivité du terrain.

Le maréchal prescrit au général Leval, dont la division, fort affaiblie par des nombreux détachements, ne comptait pas plus de 1800 hommes, d'en former 4 bataillons; puis, il prend promptement son ordre de bataille, savoir :

1re *ligne* : A l'extrême gauche, un bataillon allemand; puis la division Lasalle, un deuxième bataillon allemand, les 5 escadrons de dragons de Latour-Maubourg, et enfin les deux derniers bataillons de la Confédération (toute l'in-

hommes tués; 26 officiers et 479 hommes blessés. Elles portaient principalement sur les régiments de Baden et de Nassau.

fanterie en colonne serrée par division); 6 pièces à la gauche, 4 au centre, 4 à la droite.

2º *ligne* : Une brigade de la division Willatte, partie
déployée, partie en colonne double, et chargée de soutenir
la 1ʳᵉ ligne.

La seconde brigade de la division Willatte en réserve
ainsi que les trois régiments de la division Ruffin laissés
près du pont de l'Ortigosa.

Les Espagnols, qui, du haut de leur position, apercevaient très-nettement la formation de l'armée française,
entament l'action en attaquant l'aile gauche (division Lasalle)
qui se replie lentement, s'arrêtant de temps en temps pour
charger. Afin de la dégager, le maréchal ordonne un changement de front, l'aile droite en avant pour aborder le plateau.
Les deux bataillons allemands de droite s'élancent avec
une grande résolution ; les dragons essayent de les appuyer
par une charge, mais ils échouent, et l'infanterie reste seule
au milieu de la mêlée ; le général Leval, la formant en
carré, soutient de pied ferme tous les efforts de l'ennemi.
En même temps, 10 pièces qui avaient suivi ce mouvement,
ouvrent un feu terrible de mitraille. Le général Latour-
Maubourg, voyant les Espagnols ébranlés, lance de nouveau
ses dragons et en un instant la gauche ennemie est dans le
plus affreux désordre. Les 5 escadrons de dragons et le 94º
poursuivent les fuyards, pendant que les Allemands et les
10 pièces restent sur le plateau conquis.

A notre gauche, la victoire paraissait moins facile ; mais
le succès de la droite allait permettre au duc de Bellune
d'y rétablir le combat à son avantage. Il prescrit aux deux
bataillons allemands de gauche de se déployer pour arrêter
la masse de l'armée espagnole ; il fait appuyer à gauche et
déployer également les deux régiments de seconde ligne

(division Willatte); il ordonne au général Latour-Maubourg, entraîné par la poursuite bien au delà de la droite des Espagnols, de se rabattre sur eux, enfin, aux deux bataillons de la Confédération et aux 10 pièces en position sur le plateau de converser à gauche, puis, placés ainsi sur le flanc de l'ennemi, de le cribler d'un double feu de mousqueterie et de mitraille.

Ces dispositions, rapidement exécutées, ont un succès complet. Lasalle les appuie par une charge vigoureuse et toute l'armée ennemie se débande, dans un désordre inouï. En moins d'une heure, 9 à 10 000 morts et blessés couvraient la terre ; 4000 prisonniers, toute l'artillerie et un grand nombre de drapeaux tombaient entre nos mains (1).

(1) « Chose incroyable — ajoute le maréchal duc de Bellune, auquel nous empruntons l'analyse de cette affaire — nos pertes ne furent que de 300 hommes tués ou blessés.

» Tous les bataillons que Cuesta avait rangés pour nous combattre, soit en ligne soit en colonnes, sont restés dans le même ordre sur le champ de bataille. Tout ce qui les composait, officiers et soldats, a été tué ; je pense qu'il y a plus de 12 000 morts. Ce spectacle est vraiment affreux. Cependant, on ne doit pas déduire de ce massacre qu'il a été fait impitoyablement sur des prisonniers. Ces hommes morts se sont défendus jusqu'à la dernière extrémité, en criant eux-mêmes « Pas de quartier ! » en très-bon français. Cuesta leur avait, sans doute, appris à prononcer cet arrêt qui a terminé leur vie. Il n'est, d'ailleurs, que la suite du principe proclamé par la Junte de Séville, le 10 février dernier. Un décret rendu par elle, ce jour-là, condamne à mort toute l'armée française, sans exception. »

Le maréchal termine ainsi son rapport : « Le général Leval a conduit au feu la division allemande d'une manière très-distinguée. Le capitaine Delasolaye, commandant l'artillerie badoise, a rempli ses devoirs avec honneur Les officiers et les troupes de Baden, de Hesse-Darmstadt, de Nassau et de Francfort ont montré la plus grande bravoure. — M. Veichs, officier aux Gardes de S. A. S. le prince de Hesse, faisant fonctions d'aide-de-camp auprès du général Leval, a reçu un coup de feu à une jambe ; il s'est fait particulièrement remarquer.

» M. le général Leval se loue beaucoup de la conduite de M. le colonel Storn de Grave (Hollandais). M. Bevalet, aide-de-camp de M. le général

Pendant que le duc de Bellune remportait cette brillante victoire, le général Sébastiani, à la tête du 4ᵉ corps, battait la seconde armée espagnole, à Ciudad-Réal (27-28 mars). Les hussards hollandais et les lanciers polonais, sous les ordres du général Milhaud, s'y faisaient remarquer par des charges très-brillantes.

Ces deux succès, en nous ouvrant l'Andalousie, semblaient en présager une conquête facile et prochaine; mais le résultat qu'ils amenèrent fut tout opposé. Loin de s'apaiser, l'insurrection, vigoureusement soutenue par la Junte suprême, reprit avec une intensité nouvelle. D'autre part, le corps de Soult se trouvait dans une fâcheuse position. Après la bataille de la Corogne, le duc de Dalmatie avait reçu l'ordre de descendre vers le sud pour conquérir le Portugal, pendant que Ney soumettrait les Asturies. Il était arrivé jusqu'à Oporto, dont il s'emparait (29 mars); mais, parvenu à ce point, il allait avoir devant lui les Anglais, commandés par Vellesley. Il ne pouvait continuer sa marche sur Lisbonne qu'à la condition que le maréchal Victor ferait une diversion dans le même sens. D'autre part, et conformément aux ordres du roi, le duc de Bellune attendait, pour poursuivre son mouvement sur Séville, que le maréchal

---

Leval, a tenu la conduite la plus distinguée, ainsi que M. Kraft, capitaine au régiment de Hesse, von Kriegs, adjudant au régiment de Nassau, tous trois officiers de mérite et d'une extrême bravoure. — M. le général Schaefer, commandant les troupes de Nassau, a montré autant de sang-froid que d'habileté; il a tenu une conduite au-dessus de tout éloge. M. le général Werle, commandant la brigade badoise, a soutenu son ancienne réputation. M. le baron de Kruze, colonel du régiment de Nassau, blessé de deux coups de feu et pressé de se retirer parce qu'il perdait beaucoup de sang, a continué à servir, disant qu'il croyait de son honneur de voir finir une si belle journée. M. le baron de Porbeck, colonel du régiment de Baden, a également soutenu la réputation qu'il s'est acquise dans toute cette guerre. » (*Extrait d'une dépêche du maréchal duc de Bellune à S. M. C.*, 3 avril 1809).

Soult fût arrivé à Lisbonne et eût poussé un corps dans la direction de Badajoz (1).

Pour s'expliquer ces apparentes contradictions, il est essentiel de se rappeler que les communications écrites étaient impossibles. Depuis plusieurs semaines, le roi était entièrement sans nouvelles du corps de Soult et de celui de Ney. Ce n'était que par des renseignements très-vagues, apportés par des paysans ou par des muletiers, que l'état-major parvenait à se faire une idée approximative des opérations de ces deux maréchaux, constamment entourés par les bandes insurgées, sous les ordres de la Romana. Il y avait donc une importance majeure à rouvrir les communications avec la Galice et les Asturies. Cette mission fut confiée au général Kellermann, gouverneur des provinces de la Haute-Espagne.

Le 25 avril, ce général, quittant Valladolid, se mettait en marche, à la tête d'un corps de 8000 hommes formé en trois brigades d'infanterie et une brigade de dragons. La 2e brigade, aux ordres du général Chaudron-Rousseau, comprenait 2 bataillons français, 1 bataillon du 4e régiment polonais, le bataillon westphalien (370 hommes) et le 2e bataillon du régiment de Hesse (450 hommes) qui, dans les premiers jours du mois d'avril, avait été dirigé, de Ségovie, sur Valladolid. Ce petit corps, prenant par Astorga et Villafranca, gagnait Lugo, où il faisait sa jonction avec Ney ; il commençait alors, dans la Galice, une longue série de combats et de marches incessantes. En un mois, il parcourait plus de 400 lieues.

Revenons maintenant au maréchal Victor, que nous avons laissé sur la Guadiana.

Nous avons déjà constaté la facilité extraordinaire avec

_____

(1) *Dépêche du maréchal Jourdan au maréchal Victor*, 6 avril.

laquelle les armées espagnoles se reconstituaient. Un mois
à peine s'était écoulé depuis Médellin, que, déjà, de nombreux rassemblements étaient signalés sur la rive gauche
de la Guadiana et aux environs d'Alcantara, sur le Tage.
La situation du 1ᵉʳ corps devenait difficile; les effectifs
fondaient rapidement; les renforts envoyés d'Allemagne,
toujours retenus par les gouverneurs à leur passage dans les
provinces du Nord, n'arrivaient pas, et le maréchal Victor
évaluait à 5000 le nombre des soldats de la division de
la Confédération ainsi disséminés sur divers points de
l'Espagne (1).

L'ennemi, voyant la longue inaction du 1ᵉʳ corps, avait
repris ses projets d'offensive. Le 11 mai, le maréchal est
informé que, par suite d'un plan concerté à l'avance, un
corps portugais s'avance, par Alcantara, sur Brozas, afin
de faire une diversion en faveur du général Cuesta, qui
devait attaquer, en même temps, sur la Guadiana.

Le 12, à quatre heures du soir, le 1ᵉʳ corps se met
donc en marche, et, prenant par Arroyo del Puerco, où il
laisse la division de la Confédération, il gagne d'abord
Brozas, puis Alcantara que les Portugais évacuent après un
engagement de deux heures.

(1) L'emplacement de cette division était alors le suivant : le quartier général et le gros des troupes étaient entre Mérida et Truxillo; 400 hommes
gardaient cette dernière ville. 100 hommes occupaient le fortin de Mérida,
sous le colonel de Grave ; 150 Hollandais étaient au pont d'Almaraz ; 100 hommes du bataillon de Francfort avaient été laissés au pont de l'Arzobispo. Un
bataillon des 2ᵉ et 4ᵉ régiments hollandais (301 hommes) était à Valladolid.
Les petits dépôts (250 hommes) se trouvaient à Madrid.

Un beau bataillon badois, fort de 606 hommes, était en marche pour rejoindre la division, ainsi qu'un détachement de 100 hommes et 5 officiers
du bataillon de Francfort. Ils se trouvaient déjà entre Vittoria et Burgos, et
des ordres formels avaient été donnés pour qu'ils ne fussent pas distraits de
leur destination.

En prolongeant son mouvement, le maréchal Victor pouvait faire une puissante diversion à l'avantage du corps de Soult; mais la présence de l'armée de Cuesta sur la Guadiana l'inquiétait avec raison. Le général avait franchi le fleuve avec 10 000 hommes, et, depuis trois jours, il canonnait le fortin de Mérida que les 100 hommes du colonel de Grave défendaient héroïquement. Le 18, le duc de Bellune revient donc d'Alcantara, et, à son approche, Cuesta repasse la Guadiana.

Malgré l'évacuation d'Alcantara, on avait de grandes inquiétudes pour la ligne de communication avec Madrid. La division Leval reçoit la mission de la garder. Passant par Malpartida et Jaraicejo, où elle laisse 100 hommes du régiment de Nassau, elle traverse, le 23, le Tage sur deux bacs et vient bivouaquer en avant d'Almaraz, où elle demeure jusqu'au commencement de juin.

Le 3 juin, elle se dirige, par Navalmoral, sur Calzada; elle y laisse une compagnie de chacun des bataillons de Hesse et de Francfort et gagne Oropeza, où elle est ralliée par 100 hommes venant de Francfort et par le bataillon de marche badois.

Le maréchal Victor venait d'être informé qu'un corps de 10 000 Portugais se reformait de nouveau, en arrière d'Alcantara, et qu'il se proposait d'attaquer le pont d'Almaraz; la division allemande, rappelée sur ses pas, vient alors se cantonner autour de Navalmoral, détachant sur Torrill une partie du régiment de Nassau.

Pendant ce temps, les événements se précipitaient en Portugal. Soult, pressé par l'armée anglo-portugaise, avait battu en retraite et était venu se reformer à Zamora. Ney avait évacué la Galice et les Asturies, en ramenant avec lui le petit corps de Kellermann. Dans ces conditions, il ne pouvait plus être question de l'expédition d'Andalousie, et, le 10 juin, le roi envoie au maréchal Victor l'ordre de désarmer et de détruire le château de Mérida et celui de Truxillo et de se porter sur la rive droite du Tage. Après avoir franchi le fleuve, le maréchal devait faire replier le pont s'il ne pouvait conserver une tête de pont sur la rive gauche, et renvoyer au 4ᵉ corps, à Tolède, la division Leval, y compris la brigade hollandaise (1).

En exécution de ces ordres, le duc de Bellune repasse le Tage, le 17 juin. Le 18, la division de la Confédération est réunie tout entière à Navalmoral, et, le 19, elle part pour Tolède, sans canons ni cavalerie, en passant par la rive droite du Tietar, pour dissoudre et désarmer les rassemblements de paysans insurgés. Après un trajet des plus difficiles, dans lequel plusieurs soldats trouvèrent la mort dans les torrents débordés, les troupes allemandes viennent bivouaquer à Oropeza, et, prenant par Talaveyra et Carmona, elles entrent, le 26, à Tolède, après une marche fort pénible, par une chaleur excessive. Beaucoup de soldats, accablés de fatigue, étaient demeurés en arrière.

Cependant, les circonstances étaient loin de permettre qu'un repos, même momentané, pût être accordé à ces troupes épuisées, car le 4ᵉ corps, alors sous le commandement du général Sébastiani, se trouvait dans une situation assez difficile. L'armée de Vanegas, forte de 40 000 hommes, avait, en effet, débouché de la Sierra-Morena et se dirigeait sur Madrid. Sébastiani, qui, depuis le départ de la division Leval, n'avait pas plus de 13 000 combattants, s'était d'abord replié sur Madridejos; il y avait été rallié par le roi, venant de Madrid avec toutes ses forces disponibles, et

---

(1) *Dépêche du maréchal Jourdan au duc de Bellune* (10 juin 1809).

s'était reporté alors au-devant de l'ennemi, qui se hâtait de disparaître dans les montagnes. La division allemande, que sa marche par le Tietar avait retardée de plusieurs jours, s'empresse de suivre ce mouvement. Quittant Tolède, le lendemain même de son arrivée, elle pousse, par Mora et Consuegra, jusqu'à Almagro, où elle arrive le 30 juin. Le roi s'était avancé, le même jour, jusqu'à El Moral ; il y avait constaté la retraite de Vanegas dans la Sierra-Morena, et, sa présence étant désormais inutile au 4ᵉ corps, il rétrogradait sur Tolède, après avoir passé en revue, le 1ᵉʳ juillet, « la division de la Confédération qu'il trouvait en très-bon état » (1). L'intention de Sa Majesté était de rejoindre, sans retard, le 1ᵉʳ corps pour marcher avec lui contre le général Cuesta, dont les mouvements du côté d'Almaraz faisaient prévoir un nouveau danger.

Le 4ᵉ corps, rétrogradant également à la suite du roi, vient s'établir à Madridejos, tandis que la division de la Confédération, chargée de former la liaison entre ce corps d'armée et le 1ᵉʳ, marche jusqu'à Tolède, où elle arrive le 6 juillet, et d'où elle détache le bataillon de Francfort sur Arjos.

Les troupes allemandes conservent cette position jusqu'au 25 juillet. Ce précieux répit, au milieu de leurs marches constantes, leur permettait de se refaire un peu et de se préparer aux nouveaux combats qui s'annonçaient.

Après avoir suivi Soult jusqu'à Braga, Wellington était revenu sur le Tage, à Abrantès, afin de s'entendre avec la junte de Séville sur la manière de combiner l'action des armées espagnoles et anglaises. A l'époque où nous a conduit notre récit, cette entente s'était à peu près établie. Le

(1) *Dépêche du maréchal Jourdan au ministre de la guerre* (Almagro, 1ᵉʳ juillet).

général anglais avait fait sa jonction avec Cuesta, entre le Tage et le Tietar, et il se disposait à marcher sur Madrid. Sur sa droite, Vanegas se dirigeait sur Tolède; sur sa gauche, un corps de 8000 à 10 000 hommes, aux ordres du général Wilson, se portait sur Escalona, par la rive droite de l'Alberche.

La situation était des plus graves; aux trois armées qui convergeaient sur sa capitale, le roi Joseph ne pouvait opposer plus de 40 000 hommes, en rassemblant toutes les forces disponibles. Des dispositions sont prises aussitôt pour l'évacuation éventuelle de Madrid. Soult, qui, depuis peu de temps, réunissait sous son commandement les 2ᵉ, 5ᵉ et 6ᵉ corps, est invité à déboucher au plus vite sur Placencia pour se porter sur les derrières de l'armée anglo-espagnole. Le 4ᵉ corps reçoit l'ordre de venir, à marche forcée, de Madridejos sur Tolède; enfin, le roi lui-même, quittant Madrid, dans la nuit du 22 au 23 juillet, avec sa réserve composée de la garde royale, d'une brigade française, de 200 hommes du 27ᵉ régiment de chasseurs à cheval (prince d'Aremberg) et de 14 bouches à feu, vient établir son quartier général à Navalcarnero.

Dans la nuit du 23 au 24, le duc de Bellune, menacé par des forces supérieures, évacue Talaveyra et se replie sur le Guadarrama pour venir au-devant des renforts. Le 25, le roi le rejoint et établit son quartier général à Bargas; le même jour, le 4ᵉ corps arrive à Tolède. Laissant dans cette ville une brigade polonaise avec six pièces, le général Sébastiani se remet en marche, et, le 26, il fait sa jonction avec le roi et le 1ᵉʳ corps. Toute l'armée étant ainsi réunie, les troupes reçoivent l'ordre de déboucher par le pont du Guadarrama et de marcher sur Torrijos; le 1ᵉʳ corps ouvrait la marche avec la division de cavalerie Merlin, dont

faisaient partie les hussards hollandais et les chevau-
égers westphaliens ; la division allemande formait l'arrière-
garde (1).

Dès le 25, l'armée de Cuesta était venue prendre position à Santa-Olalla ; elle devait continuer sa marche, le 26,
pour se porter sur Tolède et donner la main à Vanegas.
L'armée anglaise n'avait pas encore quitté Talaveyra, mais
son avant-garde occupait la rive gauche de l'Alberche. Les
avant-postes du corps de Wilson étaient à Navalcarnero.

Le 26, après une escarmouche avec les grand'gardes
espagnoles, l'armée royale vient bivouaquer à Santa-Olalla ;
le lendemain, elle poursuit son mouvement. A une heure
de l'après-midi, le 1er corps était établi sur le plateau qui
domine l'Alberche ; le 4e corps et la réserve arrivaient successivement.

De ce plateau, on pouvait se faire une idée de la position
occupée par l'ennemi : « C'était une suite de mamelons
dont le plus élevé se montrait à la droite de notre armée,
couvert de troupes anglaises et d'artillerie, dont les autres,
en s'abaissant vers Talaveyra, se voyaient à notre gauche,
également couverts de troupes et d'artillerie, celles-ci

---

(1) Sa composition était la suivante, au 25 juillet :

4e corps. — 3e division, général LEVAL.

1re brigade, général SCHAEFER.

	Bataillons.	Hommes présents.
Régiment de Nassau	2	947
Régiment de Baden	2	1386
2e brigade, gén. SCHAEFER DE BERNSTEIN.		
Bataillon du Prince-Primat	1	504
Régiment de Hesse	1	398
3e brigade, général CHASSÉ.		
Régiment hollandais	2	1032
TOTAUX	8	4267

appartenant à l'armée espagnole. Au centre de cette position était une grande redoute, hérissée de canons, gardée
en commun par les troupes des deux nations. Plus loin, à
notre gauche, des bouquets de chênes et d'oliviers, des
abatis, des clôtures, s'étendaient jusqu'à Talaveyra et servaient d'appui au courage de l'armée espagnole (1). » On
apercevait beaucoup de mouvement dans l'armée ennemie,
qui n'avait pas eu le temps de se former entièrement ; le
roi se décide à profiter de cette circonstance pour brusquer
l'attaque. Toutes les troupes passent l'Alberche à gué et le
1er corps, se dirigeant vers le mamelon qui formait la gauche
des Anglais, s'engage vigoureusement.

Un moment, on put croire que le succès couronnerait cette
audacieuse tentative. Nos soldats arrivent jusqu'au mamelon ; mais, assaillis alors par des troupes fraîches, ils se
retirent et la nuit met fin à ce combat. Le 1er corps prend
position au pied du mamelon, le 4e bivouaque à portée de
canon de Talaveyra ; le roi s'établit au centre de sa réserve.

Cette première attaque avait montré que la position était
très-forte ; les troupes ennemies étaient doubles des nôtres.
Dans ces conditions, on a beaucoup reproché à Joseph de
s'être laissé entraîner à engager l'action, sans attendre
l'arrivée de Soult (2) : « Dans toute autre circonstance, —
dit le maréchal Jourdan, dans son rapport, — il eût sans
doute été plus prudent de porter l'armée impériale sur la
rive gauche de l'Alberche et d'attendre, pour attaquer, que
l'ennemi eût quitté sa forte position de Talaveyra ; mais le
roi savait que Vanegas avait amené du canon devant Tolède. Cette place, qui pouvait à peine résister pendant
vingt-quatre heures à une attaque sérieuse dirigée par la

(1) Thiers, *Histoire du Consulat et de l'Empire*, t. XI.
(2) Rüstow, *L'Art militaire au XIXe siècle*.

rive gauche du Tage, était hors d'état de tenir contre quelques bataillons et quelques pièces d'artillerie qui se seraient
présentés sur la rive droite ; enfin Sa Majesté était instruite
que Vanegas s'était porté sur Aranjuez, qu'il avait rétabli
le pont du Tage, détruit par les Français au moment de
leur marche sur Talaveyra, et qu'il menaçait Madrid.

« On n'avait aucunes nouvelles du duc de Dalmatie ; le
danger était pressant ; le roi résolut de renouveler l'attaque,
confiant dans la valeur des troupes et dans le zèle des généraux (1). »

Le 28 juillet, dès le matin, le duc de Bellune se porte
donc de nouveau contre le mamelon formant la gauche des
des Anglais. Le 4e corps, se mettant également en mouvement, va s'établir, savoir : une brigade de la division française à la gauche du 1er corps, l'autre brigade formant
échelon en arrière, la division allemande observant Talaveyra. La brigade polonaise, venant d'Aranjuez, n'était pas
encore arrivée. La réserve se tenait en arrière de la gauche
de la division française et de la droite de la division allemande. La cavalerie avait pris position dans la plaine, derrière l'infanterie.

Un moment, on put croire de nouveau que l'attaque du
1er corps réussirait ; mais, écrasé par le nombre, il est contraint de rétrograder. Un conseil de guerre a lieu sur le
champ de bataille, à la suite duquel le roi se décide à un
effort général et ordonne les dispositions suivantes :

Le duc de Bellune marchera sur le mamelon avec ses
trois divisions. Le général Sébastiani établira la division
française sur deux lignes, à la gauche de la division Lapisse
(gauche du 1er corps), la division allemande un peu en ar-

(1) *Rapport du maréchal Jourdan, major-général, au Roi* (Madrid,
24 août 1809).

rière et à gauche de la division française. La brigade polonaise, qui débouchait, devait former la seconde ligne. La
division de dragons Milhaud, à gauche du 4ᵉ corps, obser-
verait Talaveyra. La réserve prendrait position derrière le
4ᵉ corps.

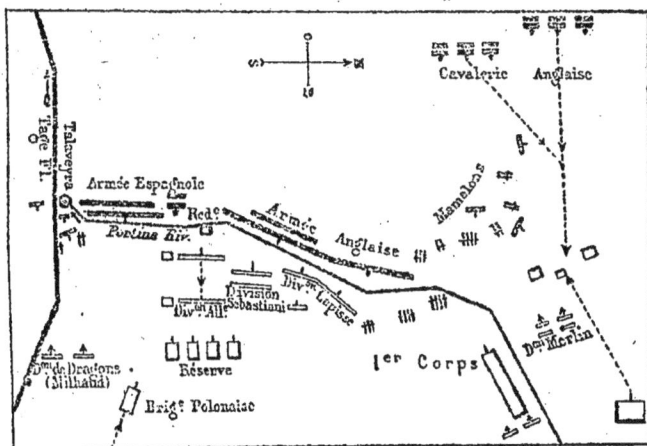

Il était déjà plus de midi quand le général Sébastiani
reçoit ces ordres; il commence aussitôt son mouvement.
L'ennemi, qui s'en aperçoit, dirige sur le 4ᵉ corps une
canonnade des plus violentes, qui ne parvient pas à l'arrêter; les troupes continuent à s'avancer au milieu d'un pays
très-couvert. La division Leval, qui devait former un échelon en arrière, se porte, au contraire, en avant de la ligne.
Les difficultés du terrain, l'impossibilité d'apercevoir la
ligne, au milieu des vignes et des oliviers, avaient occa-
sionné cette erreur, dont l'ennemi s'empresse de profiter.
La division n'avait pas encore achevé son déploiement,
quand elle est attaquée par plus de 15 000 hommes. C'était
la division Campbell, soutenue par la brigade Mackenzie et
par la cavalerie espagnole. Le général Leval, appuyant sa

gauche par les troupes de Hesse et de Francfort formées
en carré, attaque lui-même l'assaillant, qui, déconcerté par
cette brusque agression, se retire en désordre, laissant le
champ de bataille couvert de ses morts. Un régiment anglais avait posé les armes et s'était rendu, quand le baron
de Porbeck, commandant le régiment de Baden, est tué;
un moment d'hésitation se manifeste parmi ses troupes qui
reculent, et le régiment anglais en profite pour s'échapper.
On ne put en conserver que 100 hommes environ, parmi
lesquels un major, le lieutenant-colonel et le colonel qui
mourut presque aussitôt de ses blessures.

L'ennemi porte de nouvelles forces sur la division allemande; la 2e brigade (Hesse et Francfort), se formant de
nouveau en carré, arrête tous ses efforts. Le roi, s'apercevant alors que le général Leval s'était engagé trop avant,
ordonne de le reployer sur le terrain qu'il doit occuper;
il le fait couvrir, dans ce mouvement, par la 2e brigade de
la division Sébastiani. La division de la Confédération
exécute, avec le plus grand ordre, le passage des lignes en
retraite; mais son artillerie ne put suivre aussi facilement.
Elle était engagée au milieu des vignes et des oliviers; la
plupart des chevaux avaient été tués; ce ne fut donc qu'au
prix des plus grands efforts que l'on parvint à la ramener
en partie, et 11 pièces hessoises, hollandaises et françaises,
demeurées sans attelages, durent être abandonnées à l'adversaire, qui ne manqua pas de s'en faire, plus tard, un
trophée.

La ligne étant ainsi reformée, le 1er corps commence son
attaque sur le mamelon. Le succès la favorise d'abord;
mais le général Lapisse ayant été tué, sa division recule.
Ce mouvement découvrait la droite de la division Sébastiani. L'ennemi, qui s'en aperçoit, lance sur elle des forces

considérables ; trois fois repoussé, il revient toujours à la charge. Le général Sébastiani fait alors soutenir sa division par celle du général Leval, qui, formant de nouveau sa brigade de gauche en carré, arrête toute la droite enne- mie, et permet à la 2ᵉ brigade de la division Sébastiani de se reformer en colonne et de forcer l'assaillant à prendre position plus en arrière. Il était alors quatre heures et de- mie ; le feu cessait, et le 4ᵉ corps restait maître du champ de bataille.

A la droite, le duc de Bellune, ralliant son corps d'ar- mée, marchait encore sur le mamelon, quand il est chargé par la cavalerie anglaise. Reçue à bonne portée par un feu terrible, prise à dos par les chasseurs du général Strolz, en tête et en flanc par les lanciers polonais et les chevau- légers westphaliens de la division Merlin, cette cavalerie est mise dans une déroute complète. Il ne s'échappa que 5 hommes du 23ᵉ de dragons légers anglais ; tout fut tué ou pris.

En ce moment, la ligne que l'armée ennemie avait occu- pée au commencement de l'action l'était, en grande partie, par l'armée impériale. Talaveyra se trouvait débordé par le 4ᵉ corps ; le mamelon l'était également par la division Ruffin, formant l'extrême droite ; l'artillerie du mamelon ne tirait plus. Tout faisait présager qu'il ne fallait plus qu'un coup de vigueur pour culbuter l'ennemi et permettre à la cavalerie de déboucher ; mais la journée était trop avancée pour entreprendre ce dernier effort, et le roi était tout dis- posé à le tenter le lendemain, quand, dans la nuit, le duc de Bellune se met en retraite sur Cazalegas, en longeant les montagnes. Ce mouvement, qui découvrait sa droite, avait déterminé le général Sébastiani à replier également le 4ᵉ corps sur la réserve. Dès lors, il n'y avait plus à délibérer sur le parti à prendre; le 29 juillet, au point du jour, le 4ᵉ corps et la réserve se mettent en marche, et, à neuf heures du matin, l'armée était réunie sur la rive gauche de l'Alberche, sans que l'ennemi ait osé la suivre (1).

(1) Cette relation de la bataille de Talaveyra est un résumé presque littéral du rapport adressé par le général Sébastiani à « S. M. le roi d'Espagne et des Indes », sauf en ce qui concerne les bouches à feu abandonnées, dont il n'est fait mention ni dans ce rapport, ni dans celui du général Senarmont, commandant l'artillerie. L'Empereur ne fut informé de la perte de ces pièces que par les bulletins anglais; il en conçut un violent mécontentement et entama, à ce sujet, une correspondance fort vive avec le roi d'Espagne et le ministre de la guerre. Pressé de questions, le général Senarmont avoua d'abord trois pièces, et ce ne fut que dans le courant de 1810 que Napoléon parvint à connaître l'entière vérité. Le nombre total des pièces laissées aux Anglais était de onze, dont dix pour le 4ᵉ corps. Deux de ces pièces furent reprises quelques jours plus tard, par le maréchal Soult au pont d'Arzobispo.

Le rôle de la division allemande avait été considérable dans la bataille de Talaveyra; le général Sébastiani lui rend un juste hommage à la fin de son rapport : « Les divisions française et allemande du 4ᵉ corps se sont couvertes » de gloire. Le brave colonel du régiment de Baden, le baron de Porbek, a » été tué à la tête de son corps; le major Welsch, commandant le bataillon » de Francfort, a été grièvement blessé. Le major d'artillerie hollandaise » Steinmetz a été tué sur ses pièces, en commandant l'artillerie de la divi- » sion. — Je dois une mention particulière à M. le général Schaefer (de » Nassau) et à M. le baron de Kruze, colonel de ce régiment, qui se sont » fait remarquer par leur valeur et leur sang-froid. — M. le général Schaefer » de Bernstein (de Hesse), qui a soutenu trois fois les efforts de la droite de » l'ennemi, mérite d'être particulièrement cité, ainsi que le brave régiment » de Hesse, commandé par le major Eysermann, et le bataillon du Prince- » Primat. — Quelle belle conduite que celle du baron de Grave, colonel du » 2ᵉ régiment hollandais ! C'est le même qui défendit, avec tant de valeur, » le fort de Mérida. »

Les pertes étaient considérables. Elles s'élevaient à 920 tués, 6150 blessés, 151 disparus. La division de la Confédération figurait, dans ce total, pour les chiffres suivants :

	Tués.	Blessés.
Officiers.....................	8	30
Sous-officiers et soldats.........	249	720
	257	750
	1007	

5

Nous nous sommes longuement étendu sur cette bataille, car, indépendamment de son intérêt au point de vue du sujet que nous traitons, elle constitue le commencement d'une nouvelle période dans la guerre d'Espagne, en même temps qu'un événement remarquable dans l'histoire militaire. « Le choix de positions de cette nature constitue le système des batailles de Wellington. Tandis que Napoléon donne la préférence à l'offensive et, lorsqu'il se place sur la défensive, cherche, comme à Austerlitz, à en sortir dès qu'il le peut, Wellington veut fatiguer son adversaire par les obstacles naturels qu'il lui oppose, ainsi que par son feu. Si, malgré cela, l'ennemi pénètre dans ses positions, il lance contre lui ses réserves pour lui porter le dernier coup. Wellington tenait beaucoup à l'ancienne tactique linéaire. Il savait pourtant que celle-ci devait avoir le dessous contre les formes nouvelles introduites par la Révolution française, surtout si elle ne faisait pas un grand usage des feux. Il n'ignorait pas, non plus, que la tactique de Frédéric II ne pouvait plus triompher comme elle l'avait fait dans la main du roi de Prusse contre ses adversaires d'alors (1). »

La bataille de Talaveyra ne pouvait être considérée comme une véritable victoire ; mais, cependant, au point de vue stratégique, le but principal que l'on s'était proposé se trouvait momentanément atteint. L'ennemi ne continuait pas son mouvement offensif, ce qui permettait, au moins, d'attendre l'arrivée du duc de Dalmatie. Il s'agissait maintenant de dégager Tolède et de couvrir la capitale menacée par l'armée de Vanegas, dont les avant-postes occupaient déjà Valdemoro.

(1) Rüstow, *l'Art militaire au XIXe siècle.*

Laissant le 1ᵉʳ corps en position sur l'Alberche, le roi vient, le 30 juillet, s'établir à Bargas avec la réserve et le 4ᵉ corps, moins le bataillon de Francfort, chargé d'escorter sur Madrid un convoi de blessés. Le 31, les troupes séjournent dans cette position.

L'armée anglaise était toujours à Talaveyra; Vanegas faisait de grandes démonstrations à Aranjuez; le 1ᵉʳ août, le 4ᵉ corps et la réserve gagnent Illescas, position intermédiaire qui leur permettait, soit de se porter au secours du duc de Bellune, soit de faire tête à Vanegas. Les choses demeurent en cet état jusqu'au 3. Les Anglais ne bougeant pas, les troupes quittent Illescas, se dirigeant sur Aranjuez. L'avant-garde de Vanegas (10 000 hommes) est culbutée, et se retire sur la rive gauche, en détruisant les ponts. Le 6, le 4ᵉ corps reste en position.

Pendant ce temps, Wellington, inquiet de la marche de Soult, qui arrivait, par Placencia, avec 50 000 hommes, se repliait en toute hâte sur Arzobispo, puis sur la rive gauche du Tage. Le duc de Dalmatie gagnait Oropeza et faisait sa jonction avec le 1ᵉʳ corps.

Libre, désormais, d'agir vigoureusement contre Vanegas, le roi ordonne alors au 4ᵉ corps et à la réserve de revenir à Tolède, pour y forcer le Tage. La division de la Confédération y arrive le 8 août, et, le soir même, le général Sébastiani prescrit au général Leval d'exécuter une reconnaissance sur la rive gauche, en passant par les ponts de Saint-Martin et d'Alcantara, et d'éloigner l'ennemi autant qu'il le pourrait, s'il parvient à prendre pied sur les hauteurs escarpées qui forment cette rive.

Le 9 août, à trois heures du matin, 3 bataillons allemands, débouchant des ponts, surprennent les avant-postes qu'ils refoulent, et, continuant le mouvement, ils viennent se heurter à une division espagnole, appuyée de 8 bouches à feu. Sans se laisser arrêter, les 3 bataillons l'abordent vivement; Sébastiani, accouru au bruit de l'engagement, voyant que la résistance de l'ennemi semblait faiblir, fait franchir le fleuve à tout son corps; l'artillerie hollandaise et badoise monte sur l'Alcazar un obusier et 2 pièces de 8, qui, jointes aux 2 pièces de 4 qui s'y trouvaient déjà, soutiennent vigoureusement l'attaque de l'infanterie. Les Espagnols, culbutés, sont délogés des hauteurs, et rétrogradent sur Ajofrin. Le 4ᵉ corps s'établit, la gauche à Nembroca, la droite à Burgillos (1).

La cavalerie légère du général Merlin, qui battait le pays en avant, avait rencontré un détachement de cavalerie ennemie qu'elle avait presque complétement détruit, et dont les prisonniers annonçaient que toute l'armée de Vanegas était en marche sur Tolède, et que ses têtes de colonne atteignaient Almonacid, à une lieue et demie de Nembroca. Le 9, le général Milhaud force le passage du Tage, au gué d'Añover; le roi arrive à Tolède, avec la réserve.

Le 10 août, la division Milhaud se réunit au 4ᵉ corps, et Sébastiani se porte en avant. Toutes les troupes allemandes étaient présentes, à l'exception du bataillon Primat. Après avoir conduit à Madrid le convoi de blessés confiés à

_____

(1) « Dans cette affaire, le brave lieutenant Klaiber, le seul officier qui » restât encore à l'artillerie badoise, et qui s'était éminemment distingué » à Talaveyra, fut gravement blessé, ainsi que le canonnier hollandais » Johannes de Bruyn, qui eut la poitrine percée d'une balle. » (*Rapport du général Sénarmont, commandant en chef l'artillerie.*) Ils furent décorés, tous deux, de la Légion d'honneur. Le capitaine Delassollaye, commandant la batterie badoise, et grièvement blessé à Talaveyra, avait été fait officier de l'ordre avec, cette note : « Officier d'une haute bravoure et de beaucoup de » talent ; il a su imprimer le meilleur esprit à sa compagnie, qui s'est cou- » verte de gloire dans toutes les circonstances. »

sa garde, ce bataillon avait reçu l'ordre d'en repartir avec
2 pièces de 4 et quelques pontonniers, pour venir rétablir,
au plus vite, les ponts d'Aranjuez.

« L'armée ennemie, forte de 36 000 hommes d'infanterie
et de 4000 chevaux, n'ayant pu exécuter son projet de se
réunir devant Tolède, avait rassemblé toutes ses forces à
Almonacid, et avait pris position, sa gauche appuyée à un
mamelon très-élevé qui se détache de la chaîne des montagnes qui court nord-sud en partant de Tolède; son centre
était placé sur le plateau qui est en avant d'Almonacid; sa
droite se prolongeait au delà de ce village, et sa réserve
couronnait, sur plusieurs lignes, la montagne escarpée qui
se trouve en arrière, et sur laquelle est situé un vieux château moresque dominant au loin le pays. L'infanterie était
sur trois lignes, la cavalerie aux deux ailes; 40 pièces d'artillerie étaient placées en amphithéâtre sur cette position
dominante.

» Je ne tardai pas à sentir que le gain de la bataille
dépendait de l'enlèvement du plateau où s'appuyait la
gauche de l'ennemi. Je pris aussitôt la résolution de le faire
attaquer par les divisions polonaise et allemande; j'ordonnai, en conséquence, au général Leval (1) de former chaque
brigade en colonne serrée par division, de longer la montagne qui descend de Tolède, d'appuyer sa droite par un
carré, au point où les montagnes finissent, et, parvenu à
la base du mamelon que l'on devait enlever, de le déborder
par sa droite, avec la division allemande, et de le faire
attaquer de front par la division polonaise.

» Cet ordre fut exécuté avec un ordre et une précision

---

(1) Le général Leval réunissait provisoirement le commandement de la
division du Grand-Duché de Varsovie et de la division de la Confédération
du Rhin.

admirables. Le mamelon, défendu par 10 000 hommes et 7 pièces, est enlevé au pas de charge, sous un feu terrible d'artillerie et de mousqueterie, par la division polonaise. L'attaque de droite, faite par la division allemande, n'était pas moins impétueuse; les généraux Leval et Schaefer (de Nassau) marchant à sa tête, culbutaient tout ce qui se trouvait devant eux.

» Pendant que les troupes alliées renversaient, avec tant de courage, la gauche de l'ennemi, la division française, forte de 6000 hommes, attaquant au pas de charge les 15 000 Espagnols qui défendaient le plateau et le village d'Almonacid, s'emparait de 3 pièces de canon, d'un grand nombre de caissons, et couvrait de morts ennemis le champ de bataille. Jamais attaque ne fut plus vigoureuse et n'eut un plus brillant succès.

» L'ennemi, forcé dans sa première position, s'était retiré sur la montagne et le château. J'ordonnai au général Leval de le tourner, et je le fis canonner vivement Le roi, le voyant ébranlé, prescrit un mouvement simultané de la droite, de la gauche et du centre. Le général Leval, avec les divisions polonaise et allemande, se porte derrière le flanc gauche de l'armée de Vanegas; les généraux de brigade Rey et Belair forcent le centre et la droite, et toute l'armée se trouve, en même temps, de l'autre côté de la montagne, poursuivant l'ennemi avec un ordre et une précision difficiles à obtenir, même sur un champ de manœuvre (1).

» Vanegas avait posté, derrière cette montagne et à portée de canon, quelques bataillons qui tenaient encore, appuyés par 13 bouches à feu. Le général en chef de l'ar-

(1) *Rapport du général Sébastiani à S. M. le roi d'Espagne et des Indes* (Madridejos, 13 août 1809).

tillerie, rencontrant 2 pièces de 4 de l'artillerie badoise, les place sur la droite de la division allemande, qui souffrait beaucoup; il eut tout lieu d'être content de l'adresse et du courage de ces braves canonniers, qui exécutèrent, avec une précision admirable, l'ordre qu'il leur donna de ne tirer que sur les troupes (1). »

Les divisions de cavalerie Milhaud et Merlin soutiennent le mouvement offensif et chargent avec impétuosité, et la retraite des Espagnols devient une véritable déroute. 35 bonches à feu, 100 caissons, plus de 400 voitures, 4000 prisonniers, plusieurs drapeaux, étaient les trophées de cette brillante victoire, qui ne nous coûtait que 107 tués et 2216 blessés (2).

Dans la soirée du 11 août, le roi établit son quartier général à Mora; le 12, le 4e corps et la réserve gagnent Madridejos. L'armée espagnole était entièrement débandée; on ne put atteindre aucun corps.

Pendant que ces événements se passaient en avant de Tolède, Soult forçait le passage du Tage à Arzobispo et s'emparait d'une partie de l'artillerie espagnole. Les Anglais, craignant de se voir coupés de la route de Truxillo, se retiraient rapidement vers le Portugal. Le roi Joseph, débar-

---

(1) *Rapport du général Sénarmont, commandant en chef l'artillerie de l'armée* (Madrid, août 1809).

(2) Sur ce chiffre, la division de la Confédération figurait pour 36 tués, dont 20 au régiment de Nassau, et 170 blessés. Le général Sebastiani terminait ainsi son rapport : « Infanterie, cavalerie artillerie, tout a rivalisé de » gloire dans cette belle journée... Je dois rendre justice au talent et à l'in- » trépidité des généraux de division Leval, Milhaud et Merlin. MM. les géné- » raux Belair, Werle, Schæfer (de Nassau), Schæfer de Bernstein (de Hesse), » se sont distingués sous tous les rapports... Le colonel et le major du régi- » ment de Nassau et les autres officiers supérieurs de la division allemande » ont soutenu leur réputation. Enfin, je devrais citer tous les officiers, tous » les sous-officiers et soldats de l'armée, si je voulais en faire connaître » nominalement les braves. »

rassé, dans une rapide campagne de vingt jours, des trois armées, qui, un instant, avaient menacé sa capitale, rentrait triomphalement à Madrid, le 15 août.

Les batailles de Talaveyra et d'Almonacid avaient fortement affaibli la division de la Confédération; quelques jours de repos lui étaient indispensables, et, le 16, elle prenait des cantonnements entre le Tage et la Tajuna, la droite à Chinchon, la gauche à la Tajuna, avec un poste à Aranjuez, pour garder les ponts, et un détachement à Valdemoro.

A la suite des derniers événements, les opérations devaient forcément subir un temps d'arrêt du côté des Espagnols; mais ces revers successifs n'ébranlaient pas la junte suprême, dont l'énergie semblait grandir avec les défaites. A la suite de la retraite des Anglais, Cuesta s'était démis de son commandement, et l'armée d'Estramadure s'était divisée en deux. L'aile gauche, sous Albuquerque, avait suivi Wellington; l'aile droite, sous Eguia, qui ne voulait pas abandonner le mouvement sur Madrid, s'était réunie à Vanegas. Après l'échec d'Almonacid, la Junte reformait aussitôt, sous le nom d'armée du Centre, ces débris des armées de la Manche et d'Estramadure, et en confiait la direction provisoire au général Eguia, avec ordre de reprendre le plus tôt possible la marche sur la capitale.

Les nombreux mouvements occasionnés par la réunion de cette armée, l'accroissement toujours plus considérable des bandes de guerillas, cette vraie force défensive des Espagnols, ne devaient pas laisser un long repos aux troupes impériales. Les mois de septembre et d'octobre vont s'écouler en marches et en contre-marches incessantes, motivées par les mouvements encore confus et mal définis des forces ennemies.

Du 1ᵉʳ au 14 septembre, la 1ʳᵉ brigade de la Confédération occupe Arganda ; le 14, elle est ralliée par les Hollandais, et les deux brigades retournent à Chinchon. Le 17, elles se remettent en marche pour arriver, le 18, à Tolède, où toute la division allemande et la division de cavalerie légère du général Merlin restent réunies jusqu'au 30 septembre. Les vivres devenaient de plus en plus rares ; ceux des paysans qui habitaient encore les villages n'amenaient leurs bestiaux et leurs grains que contraints par la force. La halte momentanée de la division fut mise à profit pour exécuter une razzia. Un bataillon mixte, composé de contingents de tous les corps, est envoyé pour battre le pays. Il revient, au bout de quelques jours, ramenant 50 bœufs, 100 porcs et 500 moutons.

Pendant ce temps, l'armée espagnole, à peu près réorganisée, avait repris son mouvement sur Tolède ; des troupes se montraient également à Fuentedueña, au-dessus d'Aranjuez, occupé par le 4ᵉ corps. Une concentration générale est ordonnée par le roi ; les divisions Leval et Merlin, relevées à Tolède par le 1ᵉʳ corps, se rapprochent de Sébastiani et vont occuper Yepes, jolie petite ville encore peuplée et abondamment pourvue de vivres. Les corps de Soult s'établissent en échelons, depuis Talaveyra jusqu'à Navalmoral. Ainsi disposée, l'armée impériale se trouvait entre les masses ennemies de la Manche et de l'Estramadure, prête à se porter, suivant les circonstances, contre l'une ou contre l'autre.

Il y avait même tout intérêt à commencer sans retard les opérations offensives, en mettant à profit la sourde mésintelligence qui divisait les Anglais et les Epagnols. En outre, le pays était épuisé, hors d'état de suffire à la subsistance des troupes, tandis que les plaines de la Manche

offraient encore d'abondantes ressources. Ces considéra-
tions décident le roi à un mouvement en avant. Le duc de
Bellune porte le 1er corps à Consuegra et Madridejos; Sébastiani borde la rive gauche du Tage, de Tolède à Mora
et d'Aranjuez à Temblèque, pour couvrir les communications du 1er corps et le soutenir au besoin, dans le cas où
l'adversaire accepterait la bataille; le 2e corps vient à Talaveyra, le 5e à Montalban. — L'inaction des Anglais continuant, l'ordre est envoyé au maréchal Victor de prononcer
davantage son mouvement, de se porter au delà de la Guadiana, et, si l'ennemi s'éloigne sans combat, de s'établir
entre ce fleuve et le Jabalon. Afin de renforcer le 1er corps,
dans ce mouvement à grande distance, le roi lui adjoignait
une partie des troupes du 4e corps, savoir : la division
polonaise, la division allemande (moins la brigade hollandaise, appelée à occuper, par moitié, Tolède et Aranjuez)
et la division de cavalerie légère du général Merlin (1).

Le mouvement commence le 14 octobre. Le 24, le duc
de Bellune avait atteint Almagro avec son infanterie, quand
les événements survenus du côté de Salamanque viennent
l'obliger à faire halte d'abord; puis bientôt à rétrograder.
Le 16 octobre, en effet, le général Marchand, qui avait
remplacé Ney à la tête du 6e corps, échouait à Tamames,
dans son attaque contre le duc del Parque; le 6e corps,
battant en retraite, évacuait Salamanque. Les troupes du
4e corps, détachées auprès du duc de Bellune, sont aussitôt rappelées pour couvrir la capitale. Le 24, la division de
la Confédération se dirige de Santa-Cruz de Mudela sur

(1) 10e et 26e régiments de chasseurs, lanciers polonais et hussards hollandais. Le régiment des chevau-légers westphaliens, réduit à 150 cavaliers,
avait été distrait de la division et dirigé sur Madrid pour être employé en
colonnes mobiles contre les bandes qui infestaient les abords de la capitale.

Tolède, et la division polonaise sur Aranjuez. Le maréchal Victor, ne conservant avec lui que les troupes du 1er corps et la division Merlin, se replie lentement sur Madridejos et Consuegra.

La division allemande arrive, le 30 octobre, à Tolède, et s'y cantonne. L'installation des troupes était dans les plus mauvaises conditions; elles couchaient sur la paille, et n'avaient pour toute nourriture que du pain noir et un peu de viande de mouton. Le tempérament septentrional des contingents de la Confédération s'accommodait mal de ces vivres insuffisants pour réparer des forces épuisées; le découragement commençait à naître; mais la discipline, l'attachement au drapeau, l'empêchaient encore de se manifester dans les rangs de nos alliés.

Le maréchal Jourdan, mécontent et malade, était rentré en France, et, le 5 novembre, le duc de Dalmatie avait pris les fonctions de major général (1).

Les Espagnols avaient mis le temps à profit pour réorganiser les troupes battues à Almonacid. Le commandement de cette nouvelle armée avait été donné à Areizaga, qui, voyant la retraite du 1er corps, était ressorti de la Sierra-Morena, et marchait de nouveau sur le Tage. Il avait sous ses ordres 7 divisions d'infanterie, formant 50 000 hommes environ, et 3 divisions de cavalerie. 30 000 Anglo-Portugais étaient toujours autour de Merida, et les restes de l'armée d'Estramadure (14 000 hommes)

_____

(1) Le même jour, le général Solignac partait de Ségovie avec une forte colonne mobile, pour dégager la ligne de communication avec Bayonne, constamment interceptée par les guérillas. Le général avait avec lui le régiment de chevau-légers westphaliens, qui avait été envoyé de Madrid sur Ségovie. Il devait se diriger sur Valladolid, y rallier les chasseurs de Nassau, gagner ensuite Burgos, où il se renforcerait du 118e régiment de ligne, et se porter jusqu'à Vittoria.

s'échelonnaient entre Mesa de Ybor, Almaraz et Deleytosa.

Le 6 novembre, l'avant-garde de l'armée d'Areizaga commence les opérations en attaquant la cavalerie du 1ᵉʳ corps à Madridejos et Consuegra; le duc de Bellune, trop faible pour garder sa position, se replie sur Tolède. L'intention de l'adversaire semblait être de nous déborder par notre gauche, pour franchir le Tage aux environs d'Aranjuez. Le 10, déjà, la cavalerie du 4ᵉ corps soutenait, en avant de cette ville, un brillant combat contre une division espagnole. Le péril était pressant; sur l'ordre du roi, la division allemande quitte Tolède le 11, à cinq heures du matin, pour rallier le quartier-général de Sébastiani à Aranjuez; elle s'établit sur la rive gauche du Tage, avec mission d'éclairer le haut du fleuve jusqu'à Villamanrique et Fuentedueña.

Le temps commençait à devenir froid; des pluies fréquentes avaient défoncé les chemins, et rendaient la marche fort pénible. Les fatigues, les maladies, les privations, avaient abaissé le chiffre des combattants à 3300 hommes.

La situation du 4ᵉ corps, réduit à un très-faible effectif, était fort critique. Le duc de Bellune, qui devait l'appuyer sur sa droite, n'était point encore arrivé; une longue ligne de feux de bivouac indiquait la présence de l'armée espagnole à quelques kilomètres seulement; les eaux du Tage, grossies par les pluies, menaçaient d'enlever les ponts. La journée du 12 s'écoule ainsi, dans une anxiété facile à comprendre; une rencontre semblait imminente, quand, dans la nuit, l'ennemi se retire subitement sur Ocaña.

Le 14, il évacue cette ville; le 15, il jette deux ponts à Villamanrique, et, conservant le gros de ses forces sur la rive gauche, il porte sur la rive droite du Tage une forte avant-garde.

L'ordre est aussitôt donné au duc de Trévise de gagner Aranjuez avec son corps d'armée (5ᵉ), d'y rallier le 4ᵉ corps, et de déboucher sur la rive gauche pour attaquer l'ennemi dans sa position de Santa-Cruz de la Sarza. En même temps, la 2ᵉ brigade de la division Dessolles, la garde royale et 1000 hommes de troupes espagnoles quittent Madrid, sous les ordres du roi, pour gagner également Aranjuez.

Le 18 novembre, le 5ᵉ corps fait sa jonction avec le 4ᵉ, et le duc de Trévise prend le commandement supérieur. Le général Sébastiani, nommé commandant de la cavalerie, traverse le Tage près d'Aranjuez, à un gué situé en aval du pont de la Reyna, gravit le plateau de l'autre rive, et, parvenu au sommet, il aperçoit devant lui la cavalerie espagnole, couvrant l'armée d'Areizaga. Bien que n'ayant avec lui que 1500 chevaux, il la charge résolument; en un instant, toute cette masse, d'abord si imposante, était culbutée.

Ce brillant fait d'armes, dans lequel les lanciers polonais s'étaient particulièrement distingués, était d'un heureux augure pour la journée du lendemain, dont on apercevait déjà les préparatifs; « on distinguait, en effet, derrière le rideau, actuellement déchiré, de la cavalerie espagnole, le gros de l'armée d'Areizaga, qui se portait de Santa-Cruz sur Ocaña pour y livrer bataille. » (Thiers, *Histoire du Consulat et de l'Empire.*)

Le lendemain, 19, le maréchal duc de Trévise arrête ses dispositions de combat : le général Sébastiani demeurait chargé, comme la veille, de la conduite de la cavalerie. Le général Leval joignait au commandement de la division allemande celui de la division polonaise. Le général Dessolles, venu de Madrid avec le roi et Soult, avait sous ses ordres, outre la fraction de sa division qui était présente, les régiments français du 4ᵉ corps. Le général Girard commandait la 1re division du 5e corps, la seule qui fût en ligne. Toutes ces troupes formaient un total de 23 000 — 24 000 combattants; l'ennemi avait de 50 000 à 55 000 hommes.

La petite ville d'Ocaña est située au bord du plateau de la Manche. Un ravin qui, de ce plateau, vient tomber dans le Tage, court autour de la ville en forme presque elliptique, et présente une défense naturelle dont les Espagnols s'étaient couverts. Ce ravin, commençant vis-à-vis de notre gauche, par un pli de terrain presque insensible, allait finir vers notre droite en formant une cavité de plus en plus profonde.

Le duc de Trévise décide que l'attaque aura lieu par notre gauche; il la confie au général Leval, soutenu par la division Girard et par toute la cavalerie, en lui prescrivant de se diriger vers la droite ennemie pour traverser le ravin.

A onze heures du matin, le général Leval s'ébranle en colonne serrée par bataillon. Les tirailleurs espagnols ayant été débusqués du bois, il forme sa ligne, chaque bataillon en colonne serrée par division, et marche à l'ennemi. L'attaque fut vigoureuse. Le général Areizaga, devinant l'intention du général Leval, porte sur sa droite toute son artillerie et ses meilleures troupes; une grêle de projectiles couvre les Allemands et les Polonais, qui, sans en être ébranlés, continuent leur mouvement. Les Espagnols, se sentant menacés sur leur flanc droit, se décident à un changement de front. Les divisions allemande et polonaise, animées par le succès, redoublent de courage, et poussent l'ennemi jusque sur ses masses. C'était là qu'il avait concentré ses forces, en arrière du ravin, qui, tournant autour de la ville, venait se reproduire devant le nouveau champ de bataille. Bon nombre de troupes d'élite, soute-

nues par plusieurs batteries, étaient placées dans le ravin.
Appuyé de ces avantages de position, l'ennemi reprend
l'offensive, passe le ravin, et, protégé par son artillerie qui
marchait en avant, charge les bataillons du 4ᵉ corps. Dans
ce moment, le général Leval est blessé, un de ses aides de
camp est tué, 2 pièces sont démontées. Un certain flottement se manifeste dans les rangs de nos alliés.

La 1ʳᵉ division (Girard) du 5ᵉ corps suivait chaque bataillon, formé en colonne serrée par division. Remarquant
le flottement de la première ligne, le maréchal Mortier
ordonne au général Girard de se porter en avant. Le passage des lignes s'effectue avec un ordre parfait; les masses
de la 1ʳᵉ division se déploient et forcent l'ennemi à reculer.
Les divisions polonaise et allemande, aussitôt ralliées, soutiennent vigoureusement ce mouvement. Alors le centre
franchit à son tour le ravin, et débouche sur Ocaña, dont
il s'empare. La cavalerie se précipite sur la cavalerie espagnole, qui couvrait les bagages, en arrière d'Ocaña, et la
déroute devient complète (1).

32 drapeaux, 46 bouches à feu, 15 000 à 20 000 prisonniers, 3000 chevaux furent les trophées de cette bataille,
qui n'avait duré que trois heures (2).

(1) Extrait du *Rapport du maréchal duc de Trévise à S. M. C.*
(2) Les pertes de la division allemande étaient les suivantes :

	Tués.	Blessés.
Régiment de Nassau.........	18	53
— de Baden.	26	95
— de Hesse..........	15	48
Bataillon-Primat.............	7	33
Régiment hollandais.........	74	89
Artillerie badoise...........	1	4
— hessoise..........	»	2
— légère hollandaise...	2	5
Total.....	143 (dont 3 off.)	329 (dont 14 off.)

« Les divisions polonaise et allemande engagèrent le combat et montrèrent

La division de la Confédération, fort affaiblie, et qui ne comptait plus, à peu près, que 2500 combattants, vient s'établir à Aranjuez; la division polonaise et une brigade de cavalerie se forment en échelons depuis Madridejos jusqu'à cette ville, pour assurer les communications avec le 1er corps, battre le pays et ramasser les armes et les fuyards. Les chevaux de l'artillerie allemande et polonaise sont employés à transporter à Madrid les pièces prises à l'ennemi.

Le 22 novembre, la division Leval reçoit l'ordre de laisser 500 hommes seulement à Aranjuez, et de gagner également la capitale pour conduire ensuite les prisonniers à la frontière. D'après les ordres du roi, les troupes allemandes devaient aller jusqu'à Vittoria, où elles seraient relevées par le général Loyson, qui venait d'entrer en Espagne avec une division; mais les circonstances ne permirent pas à ce général de se charger de ce service d'escorte, et les contingents de la Confédération durent poursuivre leur route jusqu'à Bayonne.

Une première colonne de 2700 prisonniers, escortée par 800 hommes du régiment de Nassau, sous les ordres du colonel de Kruze, arrive à Bayonne le 20 décembre. Pendant la route, les tentatives d'évasion avaient été nombreuses, et, pour y mettre un terme, on s'était vu dans la nécessité de fusiller un des officiers prisonniers. Après deux jours de repos, le régiment de Nassau se remet en marche

» une grande valeur. Les régiments allemands ont tous rivalisé d'ardeur et
» de dévouement. Parmi les officiers qui méritent d'être cités, se trouvent :
» le lieutenant-colonel Heming, du régiment de Baden; l'adjudant-major
» Krieg, du même régiment; le général Schæfer de Bernstein; le lieutenant-
» colonel de Schmalkalder, du régiment hessois; le lieutenant d'artillerie
» hessoise Venator; le major Welsch, du bataillon de Francfort. » (Extrait du
Rapport du maréchal Soult, major général de l'armée d'Espagne.)

pour Valladolid, emmenant avec lui plusieurs compagnies de marche formées d'isolés, et 34 voitures chargées de munitions et d'effets d'habillement.

Une deuxième colonne de 2600 prisonniers arrive à Bayonne le 22; elle était sous les ordres du général badois de Neuenstein, récemment arrivé en Espagne, et escortée par 796 hommes du régiment de Baden, et par un détachement de chevau-légers westphaliens.

Une troisième colonne (3300 hommes), escortée par 800 hommes du 2ᵉ régiment hollandais et commandée par les généraux Chassé et Schaefer, arrive à Bayonne le 24 décembre.

Deux nouvelles colonnes partent successivement de Madrid sous l'escorte de troupes françaises; enfin, un dernier convoi quitte la capitale, le 23 décembre, sous la conduite de 80 hommes de la Confédération, d'un détachement du 34ᵉ et d'un régiment de marche de cavalerie.

Grâce aux précautions prises, aucun incident sérieux ne vint marquer cette longue route; mais la misère des prisonniers était excessive. A chaque marche, on laissait en route de nombreux cadavres. Sur les 3300 hommes composant le troisième convoi, 2249 entraient à l'hôpital le jour même de leur arrivée à Bayonne.

Pendant ce temps, les 500 hommes laissés à Aranjuez, l'artillerie demeurée à Madrid, les petits dépôts et les bagages recevaient l'ordre de se rendre à Palencia, pour y attendre le retour de la division. La colonne partait le 15 décembre, et, prenant par Ségovie, Valdestillas, Valladolid, où se trouvait le 2ᵉ bataillon du régiment de Hesse, elle arrivait, le 24, à Palencia.

Le passage des convois de prisonniers avait donné l'éveil aux guérillas, qui, de tous côtés, cherchaient à intercepter les communications. A peine entrés à Palencia, les 1400 hommes de la Confédération en repartent aussitôt pour aller occuper les principaux postes des environs. En même temps, le général Kellermann, gouverneur de la province, forme, avec les compagnies d'élite du régiment suisse, le bataillon de Francfort et 2 pièces, une colonne mobile qui se dirige sur Aguilar, s'y renforce des 51ᵉ et 58ᵉ régiments français, et se met à la poursuite de la principale bande, commandée par le Marquesito. Le 31 décembre, cette colonne était à Reynosa.

En résumé, la campagne de 1809 finissait sous les meilleurs auspices; la victoire d'Ocaña, qui avait brisé les dernières forces organisées de la résistance, semblait devoir décider du sort de la guerre. Il en eût été ainsi dans tout autre pays; en Espagne, au contraire, une force nouvelle, — la nation en armes, — appuyée par l'armée anglaise, allait, par une série d'efforts sans précédents, nous disputer jusqu'au dernier jour le sol de la Péninsule.

CAMPAGNES DE 1810-1811

—

La victoire d'Ocaña, qui semblait devoir porter un coup décisif à la résistance des Espagnols, ouvrait aux Français la route de Cadix. En même temps, la paix de Vienne rendait disponible une partie des troupes employées en Allemagne; de puissants renforts, organisés dans l'intérieur de l'Empire, étaient dirigés sur la Péninsule. Pendant que des corps détachés, d'une force de 70 000 hommes, répandus dans les hautes vallées de l'Ebre, du Douro et du Tage, assuraient les communications avec la France et maintenaient la tranquillité dans les provinces du Centre, deux armées, l'une de 60 000 hommes sous Masséna, l'autre de

55 000 hommes sous le roi et Soult, devaient descendre les deux rives du Tage par Ciudad-Rodrigo et Badajoz, et chasser Wellington du Portugal. Ce dernier et vigoureux effort paraissait devoir terminer la conquête; un manque de concert fit échouer l'opération et commença la série des revers.

Après la bataille d'Ocaña, le roi, qui rêvait toujours la conquête des provinces méridionales, s'avance presque sans combat jusqu'à Séville; la ville capitule, et, le 31 janvier, Joseph y faisait son entrée triomphale; mais, pendant ce temps, les débris de la Junte et de l'armée espagnole s'étaient réfugiés à Cadix, et quand les troupes françaises arrivaient devant l'île de Léon, la ville était à l'abri de toute surprise (5 février).

De son côté, Masséna, ne se sentant pas soutenu, n'osait avancer. L'Empereur avait consenti, il est vrai, à l'expédition d'Andalousie, mais avec l'idée qu'elle serait fort rapide. Mécontent de la direction divergente prise par l'armée, il retire le commandement au roi et le donne à Soult, avec ordre de s'emparer de Badajoz, et de commencer, sans plus long retard, les opérations contre les Anglais. Joseph, plein de chagrin, rentre dans Madrid, n'ayant plus sous son autorité que quelques corps isolés en Castille, récemment réunis sous le nom d' « armée du Centre. »

La division allemande faisait partie de cette armée; c'est là que nous allons la retrouver; mais il est indispensable de revenir d'abord un peu en arrière, pour analyser ce qui se passait dans les provinces du Centre pendant la marche en avant des armées de Soult et de Masséna.

Les contingents de la Confédération, que nous avons laissés à Bayonne, en étaient repartis du 23 au 27 décembre 1809, pour passer momentanément sous les ordres du

général de Salignac, gouverneur de la Vieille-Castille, dont
les forces étaient insuffisantes pour maintenir les bandes,
plus nombreuses chaque jour. Dans les premiers jours de
janvier 1810, la division occupait les positions suivantes :
État-major et régiment hollandais, à Palencia ; régiment de
Nassau, à Cervera et Saldanha ; régiment de Baden, à Fro-
mista ; régiment de Hesse, à Aranda et Lerma. Le général
Chassé avait, comme le plus ancien, le commandement de
toute cette ligne.

Les troupes avaient à peine gagné ces cantonnements,
quelques-unes n'y étaient même pas arrivées encore,
quand de nouveaux ordres envoient la division allemande
sur Ségovie d'abord, puis sur Madrid, pour aller garder la
Manche et les débouchés de la Sierra-Morena. C'est là que,
pendant trois ans, organisée en colonnes mobiles, elle va
faire succéder aux batailles de 1809 la lutte incessante
contre les guérillas, usant ses forces dans des rencontres
sans résultats, dont l'histoire ne conserve même pas le nom,
disputant pied à pied aux « brigands », ce sol déjà arrosé
de tant de sang (1).

(1) Situation d'effectif et emplacement au 8 janvier :

1re brigade, général CHASSÉ.

	Présents.	Malades.	Total.
Régiment de Nassau (1)......................	1130	256	1564
1er bat. hollandais (devenu 123e) et 2e bat. (2).	848	39	1085

2e brigade, général de NEUENSTEIN (badois).

Régiment de Baden (3)....................	1301	685	2245
Bataillon de Francfort (4).................	593	48	641

3e brigade.

Régiment de Hesse (5)......................	1457	89	1662
Total de l'infanterie......	5329	1117	7197

(1) Les deux bataillons à Infantès. Détachement à Talaveyra.
(2) Les deux bataillons, à Almagro. Détachement à Talaveyra.
(3) Les deux bataillons à Consuegra.
(4) A Manzanarès.
(5) Les deux bataillons à Tolède.

En 1810, la Manche comptait, à elle seule, 27 chefs de
bande, dont plusieurs étaient des voleurs de grands chemins qui, déjà, avaient passé par les galères. Dans ces conditions, il devient impossible à l'historien, même le plus
consciencieux, de suivre pas à pas les colonnes mobiles
dans leurs innombrables courses. À peine, de temps à
autre, un fait plus saillant, échappé à l'oubli, peut-il être
signalé. Plus de mouvements stratégiques, plus de ces
grandes rencontres comme les batailles de l'année précé-
dente. La relation des campagnes de 1810-1811, dans les
provinces du Centre, ne peut être présentée que sous la
forme d'un journal sommaire, indiquant, à leur jour, les
événements principaux, sans chercher à les encadrer dans
un plan général d'opérations qui ne pouvait exister contre
des adversaires de cette nature.

Chevau-légers westphaliens (3 escadrons) (6)...	345	9	395
Hussards hollandais (2 escadrons) (7)........	190	»	190
Chasseurs de Nassau (1 escadron) (8).........	128	10	139
Total de la cavalerie......	663	19	724
Artillerie et train de Baden (9)..............	242	»	242
Train de Hesse (détachement) (10)..........	10	»	10
Artillerie hollandaise (11)..................	»	»	»
Total de l'artillerie......	252	»	252
Total général.............	6244	1136	8173

Tels étaient, officiellement, la situation et l'emplacement des troupes ; mais,
en réalité, il était loin d'en être ainsi. Les mouvements de la division de
Madrid à Bayonne, puis de Bayonne dans la Manche, la tendance des généraux,
gouverneurs de province, à retenir les corps de passage, les nombreuses colonnes mobiles avaient amené une grande dissémination dont il est indispensable de tenir compte pour expliquer la confusion apparente qui régnait souvent
dans l'emplacement des troupes allemandes.

(6) A Guadalaxara.
(7, 8) A Almagro.
(9, 10) A Manzanarès.
(11) Détachée à l'armée du Midi.

Le 5 mars, le général Lorge, gouverneur de la Manche, prend le commandement de la division de la Confédération en remplacement du général Leval, qui, depuis plusieurs mois déjà, était passé à la 2ᵉ division du 1ᵉʳ corps (armée du Midi); les troupes allemandes deviennent 2ᵉ *division de l'armée du Centre.*

Après avoir obtenu à grand'peine la rentrée du régiment de Baden, échelonné entre Olmedo et Burgos, et du régiment de Hesse, qui avait été maintenu à Ségovie, le nouveau commandant des contingents de la Confédération vient, dans les premiers jours d'avril, relever entre le Tage et la Guadiana, les dernières troupes (brigade Arnauld) du 2ᵉ corps, que Soult ne cessait de demander. Ainsi établis, les Allemands commencent cette longue série d'opérations de petite guerre dont nous allons rapporter les points principaux.

19 juin. — Les chevau-légers westphaliens et un détachement de hussards hollandais, commandés par le général espagnol Hugo, atteignent, près de Trillo, une bande qui fuyait devant eux, et la sabrent en grande partie.

4 juillet. — Le colonel de Kruze, à la tête de 100 hommes et de 40 chevaux de Nassau, dirige une opération très-hardie contre les bandes de Francisco Abad et de Baños, réunies près d'Infantès, et les bat complétement. « 140 morts bien comptés, restés sur le terrain, sans compter une infinité de blessés, sont les résultats de cette affaire, qui honore infiniment M. de Kruze, ainsi que MM. de Norrmann et de Rettberg, commandant les chasseurs de Nassau (1). »

7 juillet. — Le général Hugo, ayant avec lui un escadron de chevau-légers westphaliens et 2 bataillons des régiments

(1) *Rapport du général Lorge au maréchal duc de Dalmatie* (Manzanarès, 10 juillet 1809).

irlandais et Royal-Étranger (corps espagnols), repousse les bandes réunies de l'Empecinado et du curé Tapia, qui l'avaient attaqué près de Siguenza. 9 sous-officiers et cavaliers de l'escadron sont mis à l'ordre du jour.

10 *juillet*. — Le major de Reineck, commandant les chasseurs de Nassau, trouve, près de la Calzada, une bande de 300 hommes environ. Les 60 chasseurs engagent vigoureusement l'action, «dont le résultat fait infiniment honneur à M. le major et à sa brave troupe. 60 brigands sont restés morts sur le champ de bataille; plusieurs ont été belssés. 20 chevaux sont tombés en notre pouvoir, sans compter ceux qui ont été tués et blessés. M. de Reineck a eu un seul chasseur tué (1). »

Au commencement de *septembre*, Francisquetto, à la tête de 300 fantassins et 400 cavaliers, avec quelques petites bouches à feu, se porte contre le poste de Thomelloso. Le colonel de Kruze, chargé de le poursuivre avec le régiment de Nassau, le rencontre en sortant de Soquellanos. La guérilla fut presque entièrement détruite. 160 tués, 2 canons, beaucoup de munitions et de bagages furent les trophées de ce brillant engagement (2).

Dans les premiers jours de *décembre*, le général Lahoussaye, gouverneur de la province de Tolède, marche sur Cuenca pour disperser des rassemblements qui s'y formaient. Le 14 décembre, il bat complétement l'ennemi, fort de 3000 hommes, le poursuit au loin, et rentre ensuite

---

(1) *Rapport de l'adjudant-commandant Allemand, chef d'état-major de division de la Confédération du Rhin, au maréchal duc de Dalmatie* (Manzanarès, 12 juillet).

(2) *Rapport du général Lorge au général Belliard, chef d'état-major de l'armée du Centre.* Le bulletin de cette affaire fut mis sous les yeux de l'Empereur et la croix d'officier de la Légion d'honneur fut donnée au colonel de Kruze.

à Tolède. Un bataillon du régiment de Hesse, commandé par le major de Kohler, s'était particulièrement distingué dans ce combat (1).

19 décembre. — Un détachement de 80 hommes, envoyé d'Almagro à la Calzada, est attaqué dans ce dernier endroit par 500 hommes de la bande de Chaleco. Le détachement se défendait depuis douze heures déjà, quand le major de Hagen tombe à l'improviste sur la guérilla avec 60 chasseurs de Nassau, la culbute et la poursuit pendant quatre heures, l'épée dans les reins. « 40 brigands ont été tués; plusieurs chevaux sont tombés entre nos mains, et, outre ce succès, M. le baron de Hagen a eu la satisfaction de délivrer 80 soldats qui avaient juré de mourir plutôt que de se rendre (2). »

Nous ne pousserons pas plus loin ce rapide résumé, qui suffit à donner une idée des courses sans nombre, des fatigues de chaque jour. La saison devenait rigoureuse; à ces causes d'affaiblissement venaient se joindre des privations de toute nature; « les maladies augmentent », écrivait le général Belliard en décembre, « l'armée manque absolument de capotes et de chemises; il est des soldats qui sont tout nus. » Dans ces conditions, les effectifs fondaient à vue d'œil, et ce n'est qu'au prix de nombreux envois de renforts qu'on pouvait les tenir en état de continuer les opéra-

---

(1) « M. de Kohler, major commandant le régiment de Hesse, qui a su se
» faire distinguer par le prince d'Essling à la bataille de Wagram, et qui n'a
» cessé de donner des preuves d'intelligence et de dévouement depuis qu'il est
» entré en Espagne, s'est fait particulièrement remarquer à cette affaire. S. M.
» Catholique me charge de prier Votre Altesse de solliciter de l'Empereur la
» décoration de la Légion d'honneur pour cet officier. » (*Rapport du général
Belliard au vice-connétable, prince de Neufchâtel, major général.*)

(2) « Je demande la décoration de la Légion d'honneur pour M. le com-
» mandant de Hagen. » (*Rapport du général Belliard au Ministre de la
Guerre*).

tions. Des demandes dans ce sens avaient été adressées aux princes de la Confédération du Rhin (1), et, dans la seule

(1) Afin de ne pas interrompre le récit des événements, nous allons résumer en une fois tout ce qui est relatif aux renforts ainsi envoyés à la division allemande :

Dans le courant de février, un détachement de 83 cavaliers venant du dépôt de Limoges, rejoint les chevau-légers westphaliens à Ségovie.....   83 h.

Un bataillon de marche composé de :

Nassau (infanterie).............	278	hommes.
— (cavaliers à pied).........	31	—
Francfort....................	184	—

et appartenant à la 2ᵉ brigade (Brenier) des troupes d'arrière-garde, part d'Orléans, le 20 mars, et arrive, le 16 mai, à Madrid......   493

Un bataillon de marche badois, parti du grand-duché dans le courant de février, arrive, le 19 mars, à Orléans, où il fait partie de la 3ᵉ brigade (Paillard) des troupes d'arrière-garde. Il en repart le 31 mars et entre à Madrid le 25 mai.....................   705

Un bataillon de Hesse-Darmstadt avait quitté Darmstadt à la fin de mars et arrivait à Orléans, le 24 avril. Il était sous les ordres du major de Kohler, qui devait prendre le commandement du régiment. Au moment de son entrée en Espagne (28 mai), des bandes nombreuses parcouraient le pays. Le général Thouvenot, gouverneur de la seigneurie de Biscaye, prescrit au commandant de la place de Tolosa d'arrêter ce bataillon au passage, de le renforcer de toutes les troupes dont il pourra disposer et de l'envoyer en colonne mobile. Le 6 juin, les guérillas ayant disparu, le bataillon hessois reprend sa marche sur Madrid, où il arrive le 25 juin.................   561

Total........ 1842 h.

D'autre part, la division perdait une partie du régiment de cavalerie hollandaise. Ce régiment, devenu 1ᵉʳ régiment de hussards (garde) de S. M. le Roi de Hollande, avait eu beaucoup à souffrir de la campagne de 1809. Dès le mois de décembre, le colonel van Merlen avait demandé à renvoyer en Hollande les cadres de deux escadrons ainsi que tous les hommes malades et infirmes. Cette autorisation lui fut accordée en février 1810, et, le 24 mars, les cadres des 2ᵉ et 3ᵉ escadrons quittaient Madrid, à l'effectif de 20 officiers, 122 cavaliers et 64 chevaux, se dirigeant sur Berg-op-Zoom, où ils arrivaient le 9 juin. Ils en repartaient le 11, pour rejoindre le dépôt du régiment à Deventer.

année 1810, près de 2000 hommes, partis des divers
dépôts d'Allemagne, vinrent rejoindre les fractions mobili-
sées. Tous ces détachements, dirigés d'abord sur Orléans,
que l'Empereur avait désigné comme point de concentration des troupes de l'armée d'Espagne, y étaient formées,
sous la dénomination générale de troupes d'arrière-garde,
en régiments et bataillons dits « de marche », et organisées
en « brigades de réserve », qui étaient dissoutes à leur arrivée dans la Péninsule. Grâce à ces renforts, l'effectif de la
division allemande n'avait pas sensiblement diminué; au
30 décembre 1810, il était de 8293 hommes, savoir :

	Présents.	Malades.	Prisonniers.	Total.
Infanterie.	5376	1162	368	7317
Cavalerie.	663	19	33	724
Artillerie et train. .	252	»	»	252
Total. . . .	6291	1181	401	8293

CAMPAGNE DE 1811

La campagne de 1811, à l'armée du Centre, s'ouvre
avec les mêmes caractères que celle de 1810. Ce sont
encore des colonnes mobiles poursuivant les bandes, qui,
battues sur un point, vont se reformer un peu plus loin.
Les régiments de Baden, de Nassau, le bataillon de Francfort, le 123e (hollandais) occupent toujours la Manche. Le
régiment de Hesse garde une partie de la province de
Tolède, réparti entre cette ville, Mora, Illescas, la Puebla
de Montalban, Talaveyra, Almaraz. Les chevau-légers westphaliens sont dans la province de Guadalaxara; les hussards hollandais, en avant de Madrid.

Pendant que ces opérations de petite guerre absorbaient
les troupes des provinces centrales, d'importants événements s'étaient produits au midi et dans l'ouest. Nous
avons vu qu'au commencement de 1810, deux armées, sous
les ordres de Soult et de Masséna, s'étaient portées, l'une
en Andalousie, l'autre sur le Portugal. Après d'assez longs
retards, dont nous avons indiqué les causes, Masséna entrait
en opérations et s'emparait de Ciudad-Rodrigo (10 juillet 1810); puis, pénétrant en Portugal, il venait s'établir
devant les fameuses lignes de Torres-Vedras, où l'armée
anglo-portugaise, appuyée sur la flotte, s'était fait une position inexpugnable. Cette situation se prolongea pendant
cinq mois. L'armée de Portugal, sans ressources, isolée au
milieu d'un pays dévasté et hostile, ne trouvait à vivre que
par des prodiges d'industrie; mais Masséna ne voulait pas
quitter la place, comptant toujours sur la coopération de
Soult, qui, après une infructueuse tentative contre Cadix,
s'occupait alors d'assiéger Badajoz et Olivenza.

L'audace des bandes, encouragées par cet arrêt dans nos
succès, croissait de jour en jour. Les communications étaient
tellement difficiles qu'à Madrid on était presque sans nouvelles des armées du Midi et du Portugal. Le 11 janvier, le
général Lahoussaye reçoit donc du roi l'ordre de faire une
expédition vers le Sud, pour tâcher d'obtenir quelques indications sur la situation de Soult et de Masséna. Le général
part de Navalmoral avec un petit corps composé du régiment de Hesse, de 2 bataillons français, de 2 régiments de
dragons et de 7 bouches à feu. Après quelques engagements
insignifiants, il pousse jusqu'à Mérida, où il entre en communication avec les troupes du maréchal duc de Dalmatie;
il revient ensuite sur le Tage, à Almaraz, pour aller dissiper
les rassemblements qui s'étaient formés à Placencia et à

Coria, et chercher à obtenir, en même temps, des nouvelles de l'armée de Portugal. Cette expédition ne se terminait que vers la fin de février. Le régiment de Hesse rentre alors à Tolède pour y relever le détachement hollandais qui s'y trouvait.

Pendant ce temps, Olivenza avait été enlevé (22 janvier 1811), et les prisonniers étaient dirigés d'abord sur Madrid, puis sur la France. Les chasseurs de Nassau, des détachements des hussards hollandais et du bataillon de Francfort, les escortent jusque dans la capitale. Aucun événement saillant ne vint marquer, d'ailleurs, cette période de la campagne. Tout se borna à des mouvements de convois, venant de France, et qui amenaient aux contingents allemands, et notamment au régiment de Baden, quelques détachements tirés de la pointe de Grave, où ils étaient employés à la surveillance des côtes (1).

Durant les mois suivants, la guerre de partisans continue, sans plan général, sans combinaisons d'ensemble; ici encore, nous ne pouvons que relater quelques-uns des engagements ayant plus particulièrement trait aux troupes allemandes.

Le 5 avril, le colonel Lejeune, aide de camp du prince de Neufchâtel, revenait de l'armée du Midi, porteur de dépêches du maréchal Soult et escorté par 25 dragons et 66 hommes du régiment de Baden, sous les ordres du lieu-

---

(1) La désertion, activée par un système d'embauchage des plus actifs, prenait des proportions considérables dans quelques corps alliés et notamment dans les régiments de Prusse et d'Ysembourg. Un ordre de l'Empereur avait prescrit, en conséquence, qu'il ne serait plus envoyé d'étrangers en Espagne. Cette mesure fut provisoirement appliquée aux contingents de la Confédération, et, pendant quelque temps, les renforts qui arrivaient d'Allemagne étaient réunis à Bordeaux, d'où ils fournissaient des détachements pour garder les côtes, constamment menacées par les croisières anglaises.

tenant Seitz. La petite troupe était arrivée à un bois d'oliviers, situé entre Yunclès et Cavañas, quand elle est soudainement attaquée par 600-700 hommes à cheval de la bande d'El Medico. Le colonel, fort inquiet pour ses dépêches, abandonne son infanterie, et se met en retraite sur Cavañas, avec les 25 dragons; mais 300 cavaliers leur ferment la route, et cette petite troupe est entièrement détruite, à l'exception du colonel et d'un dragon qui furent faits prisonniers. Pendant ce temps, l'infanterie badoise avait gagné les hauteurs et s'y défendait énergiquement, soutenant contre un adversaire bien supérieur, une lutte sans merci. Quand la petite garnison de Cavañas accourait enfin, au bruit du combat, elle trouvait le détachement badois toujours embusqué et l'ennemi disparu. 12 hommes avaient été tués (1).

Le 8 avril, le colonel Isidro de Mir se porte sur la Puebla de Montalban, à la tête de 800-900 hommes, avec 3 bouches à feu. Ce poste était occupé par un détachement du régiment de Hesse; le colonel de Kohler, qui le commandait en personne, était informé du mouvement de l'ennemi et l'attendait, résolu à se défendre jusqu'à la dernière extrémité. L'attaque commence au point du jour; les Espagnols ne parviennent même pas à forcer le pont, que le lieutenant Vogel défend, avec 50 grenadiers, depuis six heures du matin jusqu'à deux heures du soir. Découragés, les assaillants se retirent enfin; mais le colonel de Kohler avait eu le temps de faire prévenir, par un paysan, le colonel Laffitte, commandant de Talaveyra, qui se met aussitôt à leur

---

(1) Le rapport du général gouverneur de Tolède fait le plus grand éloge de M. Seitz « officier vraiment recommandable par son intrépidité et auquel » on doit le salut du détachement. Tous ont combattu, du reste, avec un rare » courage. »

poursuite avec 3 escadrons du 18ᵉ de dragons et 150 Hessois, sous le commandant de Weber. Le 11 avril, à trois heures du matin, après une marche forcée de 12 lieues, il rejoint l'ennemi près de Menas-Albas, et le détruit presque complétement. La vigoureuse défense de Montalban n'avait coûté aux Hessois que 1 tué et 2 blessés (1).

Pendant ce temps, l'armée du Midi s'était emparée de Badajoz (11 mars). C'était un important fait d'armes; mais il se produisait malheureusement trop tard pour permettre de secourir l'armée de Portugal, qui venait de se mettre en retraite, et, poursuivie par les Anglais, arrivait, épuisée de fatigue, à Ciudad-Rodrigo. Une partie de l'armée anglo-portugaise se portait sur Olivenza, qu'elle enlevait; puis elle venait mettre le siége devant Badajoz. Soult, réuni à Marmont (qui avait remplacé Masséna) l'oblige à rentrer en Portugal (18 juin). Mais, au lieu de poursuivre ce premier succès, les deux maréchaux se séparent de nouveau. Tandis que le duc de Dalmatie va réprimer les mouvements de l'Andalousie et rejeter les Anglais sur Gibraltar, Marmont s'établit sur le Tage, prêt à secourir, au besoin, soit Ciudad-Rodrigo, soit Badajoz. En effet, au mois de septembre, Wellington tente une nouvelle opération sur la première de ces deux places; mais il se replie bientôt devant les 40 000 hommes de Marmont et du général Dorsenne.

L'armée anglaise avait parfaitement compris qu'il ne lui serait possible d'agir sérieusement dans l'intérieur de la Péninsule, qu'autant que la possession de Badajoz et de Ciudad-Rodrigo lui assurerait une base solide d'opérations et une route toujours ouverte pour rentrer en Portugal. De là ses tentatives pour s'emparer de ces deux places; de là

(1) Le rapport de cette affaire fut mis sous les yeux du Roi.

également, la nécessité pour les Français de faire tous leurs efforts afin de les conserver. Aussi, dès le mois d'août, et en prévision de nouvelles démarches des Anglais, le maréchal Soult avait-il demandé à l'armée du Centre un renfort pour la garnison de Badajoz. Ce renfort partait vers la fin d'août et arrivait, sans incidents, à sa destination. Il était composé de :

	Hommes présents.
1 bataillon français.	800
Rég. de Hesse, colonel de KOHLER.	
1ᵉʳ bataillon, com. Weber. 727	1432
2ᵉ bataillon, com. de Meister. . . 705	
Artillerie et train de Hesse.	59
Total.	2290

A la même époque, le général Treilhard prenait le commandement de la province de Tolède et de la division de la Confédération du Rhin, en remplacement du général Lorge, contraint, pour des raisons de santé, de quitter son poste (1).

(1) La situation de la division était alors la suivante :

Armée du Centre : 2ᵉ Division (Confédération du Rhin).

1ʳᵉ brigade, général CHASSÉ.

	Présents.	Absents.	Total.
123ᵉ (hollandais) (1)	906	21	994
Régiment de Nassau (2)	1148	83	1314

2ᵉ brigade, général de NEUENSTEIN (badois).

| Régiment de Baden (3) | 1198 | 726 | 2183 |
| Bataillon de Francfort (4) | 569 | 15 | 584 |

(1) 1 bataillon en Andalousie, 1 bataillon à Madrid.
(2) Infantès.
(3) Almagro.
(4) Manzanarès.

La campagne de 1811 s'achevait avec les mêmes caractères, sans qu'aucun événement particulièrement digne d'être mentionné vînt signaler les marches incessantes et les rencontres journalières avec les bandes de partisans.

Rég. de Hesse (détaché à l'armée de Portugal).			
Chevau-légers westphaliens (3 escadrons) (5)...	345	11	401
Chasseurs de Nassau (1 escadron) (6).........	127	10	138
Artillerie et train de Baden (7)..............	301	»	301
	4594	866	5915

(5) Guadalaxara.
(6) Infantès.
(7) Manzanarès.

CAMPAGNE DE 1812.

SOMMAIRE DE LA CAMPAGNE DE 1812.

Situation générale. — Les Anglais assiégent Badajoz ; le régiment de Hesse-Darmstadt pendant la défense ; prise de la place. — Un corps anglais détruit le pont d'Almaraz. — Les troupes allemandes, fort affaiblies, passent à la division Darmagnac. — Évacuation de Madrid (10 août) et retraite sur Valence. — Situation d'effectif des troupes de la Confédération du Rhin au 1er octobre. — Retour sur Madrid. — Les chevau-légers westphaliens restent à l'armée d'Aragon. — Emplacement des corps allemands à la fin de 1812. — Conclusion.

L'apaisement qui avait marqué la fin de l'année 1811 ne devait pas être de longue durée ; les événements vont maintenant précipiter leur marche, et déjà on peut entrevoir, dans un avenir prochain, les revers de 1813.

Au commencement de janvier, Soult étant retourné en Andalousie, et Marmont, établi dans les environs de Salamanque, se trouvant diminué d'une division détachée vers l'Est, Wellington passe la frontière, marche sur Ciudad-Rodrigo, et s'en empare, le 22 janvier ; puis il rentre en Portugal.

Au mois de mars, reprenant l'offensive, il passe sur la rive gauche du Tage, et, le 16, il arrive devant Badajoz (1).

(1) Voyez le plan du siége.

Cette ville, capitale de l'Estramadure, est située sur la rive gauche de la Guadiana, au confluent de la Gevora et du Revillas. Son enceinte se composait de huit fronts revêtus de maçonnerie. Les escarpes des bastions 3, 4, 5, 6, 7, 8 avaient 10 mètres de hauteur; celles des bastions 1, 2 et 9 étaient moins élevées. Huit petites demi-lunes, non-achevées, couvraient ces fronts, excepté ceux cotés 7-8, 8-9. Le chemin couvert, qui règne le long de toute l'enceinte, était également interrompu devant le front 8-9, où il n'existait qu'un simple glacis.

Du côté du fleuve, la place était fermée par une muraille à redans, de 900 mètres environ de développement.

Au nord, dans l'angle formé par le Revillas et la Guadiana, s'élève un mamelon d'environ 30 à 40 mètres de hauteur au-dessus du fleuve, sur lequel était établi le « château », dont les murailles, mal flanquées par des tourelles, se rattachaient au bastion 9.

Depuis la dernière tentative des Anglais contre la place, les ouvrages avaient été réparés et complétés, le château fermé avec soin. Des vivres et des munitions avaient été placés dans des bâtiments, dont le plus vieux est un donjon sous lequel se trouve un souterrain qui renfermait notre seul magasin à poudre. La brèche faite par les Anglais, lors de la seconde défense, était entièrement réparée; les mineurs avaient pétardé le rocher sur lequel est élevé le mur d'enceinte, afin d'augmenter l'escarpement. Ce mur, de 6 à 14 mètres de hauteur, fondé sur un plateau dominant de plus de 20 mètres, le ruisseau de Revillas, qui en baigne la base, offrait une sûreté convenable. Enfin, ce château, qui devait être notre dernier refuge, pouvait, sans contredit, être regardé comme un excellent réduit et le point le plus sûr pour recueillir les débris d'une brave garnison, résolue de ne se rendre qu'à la dernière extrémité.

Le 17 mars, la place se trouve entièrement investie. Le gouverneur nommé au commandement des fronts; le colonel du régiment de Hesse reçoit celui du château. La garnison, d'une force totale de 5000 hommes environ, est répartie de la manière suivante :

Bataillon du 9ᵉ léger aux bastions. . 1-2
— du 28ᵉ léger — 3-4
— du 58ᵉ de ligne — 5
— du 103ᵉ de ligne — 6-7
Régiment de Hesse-Darmstadt — 8- 9 et château.

Il est essentiel de remarquer — écrit le général Lamarre, auquel nous empruntons la relation de ce siége — que le régiment de Hesse était placé suivant son rang de bataille (c'est-à-dire à la gauche des troupes françaises) et dans les parties que l'on regardait généralement comme le moins exposées aux attaques de vive force.

Dans la nuit du 17 au 18, l'ennemi ouvre la première parallèle, en avant des fronts 6-7, 7-8, 8-9. Le 25, il commence un feu très-violent sur la courtine et les angles des deux bastions 8, 9, et sur la face gauche du bastion 7; dans la nuit, il s'empare de la lunette Picurina.

Maîtres de la lunette, les assiégeants abandonnent leur première attaque contre le front hessois (8-9); ils relient la lunette à leurs tranchées, et établissent deux batteries (I et K) contre le front 6-7. Le feu commence le 30, au point du jour. Les assiégés, fixés sur le point d'attaque, établissent, en N, un retranchement intérieur. Le 1ᵉʳ avril, l'ennemi avait construit, en Q, une 3ᵉ batterie; les bastions 6, 7, étaient battus par 30 pièces. La poudre devenait rare

SIÈGE DE BADAJOZ

(Mars–Avril 1812)

Mai 1873

Ft San-Christoval

Tête de Pont

BADAJOZ

Ft Pardaleras

Lunette Picurina

Route d'Olivença

Route d'Albuera

Talaveyra

Gravé chez Erhard
Imp. Fraillery

dans la place; les projectiles étaient sur le point de manquer; mais l'enthousiasme de la garnison n'en était point
diminué. Chacun était résolu à attendre l'assaut.

Le 5, les deux brèches des bastions 6 et 7 se trouvaient
praticables; il n'était plus possible de les déblayer. Cependant, afin de rendre le succès plus certain, les Anglais se
décident à faire une troisième brèche à la courtine; le soir
même, elle était praticable à son tour. On y place, pour la
défendre, une compagnie de grenadiers hessois, « que l'on
tira imprudemment du château, où elle était nécessaire »;
le pied de la contrescarpe, encore intact, avait été obstrué
par tous les obstacles que la nécessité et l'industrie peuvent
mettre en usage.

Le 6 au soir, tout était prêt pour l'assaut. A neuf heures,
pendant qu'une nombreuse artillerie couvre la ville de fer
et de feu, la 3e division anglaise s'approche du Revillas,
pour attaquer le château. Une vive fusillade s'engage à la
lunette 14, aux bastions 8, 9, et au château. Tandis qu'une
partie de la colonne assiégeante dirigeait son feu sur la
lunette, l'autre s'avançait dans le chemin couvert et dres-
sait des échelles contre l'escarpe du bastion 9, opération
d'autant plus facile que le front 8-9 n'avait pas de contrescarpe, et que les palissades étaient brisées. Malgré ces
conditions défavorables, 300 Hessois, commandés par le
major Weber, et les canonniers qui occupent le rempart,
soutiennent vigoureusement l'attaque, et forcent l'assaillant à s'éloigner; mais la lunette 14, attaquée en même
temps, tombe au pouvoir de l'ennemi.

Une demi-heure s'était à peine écoulée, lorsque deux
autres divisions marchent sur les brèches. Un affreux combat
s'engage alors; les bombes disposées au pied des brèches
éclatent au milieu des assaillants, pendant que 700 hommes

d'élite, placés au sommet du talus, et munis chacun de trois fusils, font un feu terrible de mousqueterie; le massacre devient effroyable, et les Anglais se retirent en laissant 3000 hommes, tués ou blessés, dans les fossés et sur le glacis.

Pendant que ce combat se livrait, on était venu annoncer au gouverneur que l'ennemi pénétrait par le bastion 6; il s'y était rendu aussitôt, et avait reconnu que ce n'était qu'une fausse alerte. Il venait à peine de regagner son poste, quand un officier de dragons accourt avec la nouvelle que l'assaillant a, de nouveau, attaqué le château, et qu'il en a escaladé les murailles. L'incident précédent avait disposé les esprits à l'incrédulité; on n'accueille ce rapport qu'avec beaucoup de réserve; on perd un temps précieux avant de se décider à porter 4 compagnies sur le château, afin de s'assurer du fait. Il n'était que trop vrai, et ce point, clef de toute la place, ne put être repris.

Plusieurs historiens n'hésitent pas à avancer que le château fut livré par les Hessois; dans son *Histoire du Consulat et de l'Empire*, M. Thiers se prononce d'une façon moins explicite, et paraît croire seulement à un moment d'hésitation de leur part. M. le général Lamarre, qui commandait le génie de la place, et qui a laissé de tous ces faits une relation fort détaillée, n'admet pas l'idée d'une reddition volontaire. Voici comment l'événement s'était passé :

Le colonel du régiment de Hesse commandait le château; il y était renfermé avec 100 hommes de son régiment — dont 23 musiciens —, 25 soldats français et quelques canonniers; mais il avait négligé de répartir son monde sur les points accessibles, d'où l'on aurait pu remarquer l'approche des assiégeants et les repousser.

Les Anglais, après leur infructueuse tentative pour escalader le front 8-9, avaient gagné le long des murailles, et, arrivés au point W, ils appliquaient une échelle contre une embrasure, et y pénétraient, bien qu'elle fût à plus de 20 pieds de hauteur. Dans ce moment, la résistance mollissait un peu ; d'autres échelles étaient dressées, et le château était enlevé. « Les troupes qui s'y trouvaient furent égorgées ; le chef de bataillon Schmalkalder, l'adjudant-major Schulz, du régiment de Hesse, et le capitaine d'artillerie d'André Saint-Victor y périrent. Le colonel des Hessois avait été blessé légèrement à la tête ; il fut saisi par un officier anglais, qui le somma de lui montrer la porte du château, en le menaçant de le tuer s'il n'obéissait. Il eut la faiblesse de la lui indiquer, et ne suivit pas, dans cette circonstance, l'exemple du chevalier d'Assas, plus aisé à admirer qu'à imiter. »

Wellington était sur le point d'ordonner la retraite, quand il apprit le succès inespéré qui le rendait maître du château, et lui livrait Badajoz. Une nouvelle attaque est alors dirigée sur l'ouvrage de Pardaleras et sur le bastion 1. La première échoue, mais la seconde réussit contre les troupes du bastion, dont les deux tiers avaient été dirigés sur le château pour tenter d'y rentrer par la porte V. Les Anglais, commandés par le général Valker, escaladent l'escarpe, pénètrent dans la ville, y font leur jonction avec la 3ᵉ division venant du château, et, dès lors, tout est perdu. Le général Philippon, gouverneur de la place, se retire, avec quelques officiers, au fort San-Christoval, et, le lendemain, 7 avril, il se rend. Aucune capitulation, même verbale, n'avait été conclue. La garnison, réduite à 3500 hommes, fut conduite à Lisbonne, pour y être embarquée ; la population, exaspérée, l'accablant de pierres, lui jetant de l'eau bouillante, fit de cette route un long martyre.

Telles furent les circonstances dans lesquelles se produisit la chute de Badajoz. C'était un événement d'une haute importance, qui devait influer, de la manière la plus fâcheuse, sur la suite des opérations. Quant à une reddition volontaire du château par les Hessois, elle paraît difficilement admissible, en présence du dévouement montré par ce régiment. Le général Lamarre, témoin impartial des faits, semble le reconnaître lui-même, car il termine ainsi son rapport : « Les Hessois se distinguèrent pendant toute la durée du siége (1). »

(1) *Relation des siéges et défenses de Badajoz, d'Olivenza et de Campo-Mayor en 1811-1812*, par le général Lamarre. — Un rapport du chef de bataillon Lespagnol, sous-directeur de l'artillerie à Badajoz, et du capitaine du génie Lefaivre, rapport signé par tous les officiers et adressé, le 5 août 1812, au ministre de la guerre, établit que l'on avait eu le tort de dégarnir le château que l'on supposait inattaquable et constate aussi la bonne défense des Hessois « dont plusieurs officiers, après une longue résistance, furent mis hors de combat ». — Voyez également pour cette question, qui a soulevé depuis une polémique assez vive, une lettre adressée au directeur du *Spectateur militaire* (année 1858), par M. Westerwetter d'Anthony, lieutenant d'infanterie au service de S. A. R. le grand duc de Hesse-Darmstadt. Cette lettre, motivée par la publication du 15e volume de l'*Histoire du Consulat et de l'Empire* par M. Thiers, se termine ainsi : « Si M. Thiers a voulu exprimer des soupçons sur la fidélité des Hessois, il avait probablement oublié que ces braves soldats vivaient au bord du Mein et du Rhin, qu'ils avaient quitté leur patrie en 1808 pour suivre leurs alliés les Français en Espagne et pour y donner, comme partout, durant quatre ans, des preuves glorieuses de leur bravoure, de leur dévouement et de leur discipline. C'est abuser de la crédulité du lecteur que de chercher à lui faire croire que cent hommes de ce régiment hessois, après s'être si vaillamment battus et avoir tué bon nombre d'Anglais, devinrent des traîtres pour être conduits comme prisonniers aux pontons anglais. » — La logique de cet article ne nous paraît pas irréfutable ; car, sans révoquer en doute la loyale défense des Hessois, nous allons voir qu'en 1813, la bravoure, le dévouement et la discipline dont les contingents

Tandis que ces événements se passaient en Estramadure, la division de la Confédération du Rhin, définitivement diminuée du contingent de Hesse-Darmstadt, continuait la guerre d'escarmouches, poursuivant les bandes,
escortant les convois et gardant les points principaux. Le
régiment d'infanterie et les chasseurs à cheval de Nassau (1),
l'artillerie et le train de Baden, les chevau-légers westphaliens occupaient la Manche, sous les ordres du général
Darmagnac, dont le quartier-général était à Manzanarès.
Le régiment badois, le bataillon de Francfort, étaient répartis dans divers postes des provinces de Tolède et de
Ségovie (2).

Après avoir pris Badajoz, Wellington était retourné en
Portugal et sur la rive droite du Tage. Au mois de mai, se
voyant à la tête de forces suffisantes, maître de pénétrer
en Espagne par la rive droite ou la rive gauche du Tage,
prend décidément l'offensive. Il était important pour lui
d'ôter aux armées françaises du Midi et du Portugal la

allemands avaient donné, pendant cinq ans, des preuves incontestables, ne
les empêchèrent pas de passer à l'ennemi, avec armes et bagages.

(1) Les duc et prince de Nassau avaient demandé à plusieurs reprises à ce
que les contingents de leurs Maisons employés en Espagne (voyez 2e partie,
Catalogne) fussent réunis en une brigade. Cette demande fut renouvelée en
juin 1812, mais les circonstances ne permirent pas d'y donner suite

(2) De nombreux embaucheurs, émissaires des Anglais, excitaient les
troupes allemandes à la désertion, en faisant appel, soit à leur patriotisme,
soit à leur intérêt. Une légion allemande (infanterie et cavalerie), composée
en majeure partie de Hanovriens, et recrutée aussi au moyen de déserteurs,
servait dans l'armée britannique. Ce n'est pas un des faits les moins curieux
de cette guerre, que de voir, à la bataille de Talaveyra par exemple, des troupes
allemandes amenées par les hasards de la politique au centre de l'Espagne,
et combattant dans les rangs des deux partis. Ces nombreux appels à la
désertion n'étaient plus toujours infructueux ; ainsi, à la fin de mai, un détachement badois, qui escortait un convoi de Tolède à Illescas, perdit, à lui seul,
vingt-deux déserteurs qui allèrent grossir l'armée de Wellington.

faculté de se prêter mutuellement secours, soit que l'on veuille pénétrer en Andalousie, soit que l'on se décide à entrer dans la Vieille-Castille; Wellington commence donc par détacher le général Hill, pour aller détruire le pont d'Almaraz et les ouvrages qui le couvraient. Ces ouvrages consistaient, sur la rive droite, dans le fort Raguse, qui flanquait la tête de pont établie à Lugar-Nuevo, sur la rive gauche. En avant de cette tête de pont et sur une éminence d'où il eût été facile de la battre, était situé le fort Napoléon. A deux lieues au delà, près de Miravète, on avait construit, sur le sommet de la montagne, un fort et deux autres ouvrages qui formaient une bonne ligne de défense et barraient la grand'route de l'Estramadure, la seule, comme nous l'avons vu, qui fût praticable à l'artillerie. Quoiqu'on donnât le nom de fort à ces divers ouvrages, ce n'étaient en réalité que de grosses redoutes revêtues de maçonnerie avec réduit au centre.

Le roi, auquel l'Empereur venait de confier le commandement en chef des armées d'Espagne, avec Jourdan comme major-général, était dans une grande perplexité, ne sachant si les Anglais dessineraient leur offensive par Ciudad-Rodrigo ou par Badajoz. A tout événement, il avait prescrit au général Darmagnac d'aller s'établir à Talaveyra, d'y relever la division Foy (1re de l'armée de Portugal) qui deviendrait ainsi disponible, et de garder la vallée du Tage jusqu'à Almaraz avec des détachements dans les forts. Le général Darmagnac avait sous ses ordres, comme gouverneur de Talaveyra, le général badois de Neuenstein, qui arrivait le 11 mai, avec deux bataillons du 75e, le bataillon de Francfort, le 13e de dragons et les chevau-légers westphaliens Ces troupes étaient à peine en position quand le 18, Hill, qui s'était avancé par Truxillo et Jaraycejo, fait une fausse démonstration contre les ouvrages de Miravète, et, les tournant par un sentier impraticable, il vient attaquer le fort Napoléon et la tête de pont qu'il enlève, malgré la résistance des deux bataillons du 75°. Maître de ces ouvrages, il en tourne l'artillerie contre le fort Raguse qui est évacué à son tour. A la première nouvelle de l'approche des Anglais, le bataillon de Francfort avait quitté Talaveyra pour gagner Almaraz ; il devait y arriver dans la matinée du 19 et il avait déjà dépassé Navalmoral, quand il rencontre les fuyards ; il se replie avec eux sur Navalmoral d'abord, puis sur Oropeza.

Maître de la position, Hill brûlait les magasins et les bateaux, détruisait les ouvrages ; puis, craignant que le comte d'Erlon ne se portât sur ses derrières, il rétrogradait sur Badajoz, suivi, jusqu'à Truxillo, par le général Foy. Après son départ, la communication entre les deux rives était provisoirement rétablie au moyen d'un grand bateau amené d'Arzobispo.

Après ce hardi coup de main de son lieutenant, Wellington s'avance sur Salamanque. Le maréchal Marmont marche à sa rencontre et perd la bataille de Salamanque ou des Arapiles ; grièvement blessé, il cède le commandement au général Clauzel. Le roi, qui s'était porté, avec toutes ses forces disponibles, au secours de l'armée de Portugal, n'en recevant plus aucune nouvelle, quitte Ségovie, le 1er août, en laissant au général Expert, gouverneur de la place, le régiment de Baden et le 18° de dragons, avec mission de se procurer des renseignements sur les Anglais et sur le général Clauzel. Dans le cas où l'ennemi se montrerait en forces trop supérieures, le général et sa petite troupe devaient se retirer sur Madrid par la route de Saint-Ildefonse. Le roi, avec le reste de son armée, revient sur sa capitale pour y attendre les 10 000 hommes qui avaient été demandés à l'armée du Midi. Il y arrive le 3. La division Darmagnac va s'établir à l'Escurial et dans les villages voisins, d'où elle était chargée de pousser des reconnaissances vers Avila et les montagnes.

Dès le 4 août, la garnison de Ségovie évacue la place et vient occuper Torreladones, couvrant ainsi la droite de l'armée et la route de Madrid. Toutefois, on ne savait encore si les troupes que l'on avait devant soi formaient la masse principale de l'armée anglo-portugaise, ou si ce n'était qu'un corps détaché. Le roi se plaisait à espérer que le gros des forces ennemies suivrait l'armée de Portugal en retraite sur Burgos et que, par suite, il pourrait attendre à Madrid l'arrivée de Soult.

Mais le doute ne fut pas longtemps possible ; le 9 août, on apprend, d'une manière positive, que l'avant-garde de l'armée anglaise avait passé les montagnes qui séparent la Vieille et la Nouvelle-Castille. Le roi se décide alors à quitter sa capitale et, le 10, il établit son quartier général à Leganès. La division Darmagnac prend position entre Mostolès et Alcorcon. Le même jour, près de deux mille voitures et un grand nombre de personnes, soit à pied, soit à cheval, quittent Madrid et sont dirigées sur Aranjuez.

Le 12, Wellington fait son entrée dans Madrid. Le quartier général du roi se transporte à Valdemoro ; la garnison de la capitale rejoint l'armée royale, après avoir laissé 1200 hommes dans le poste de la China. Le 13, le roi gagne Aranjuez ; c'est là seulement qu'il apprend d'une manière certaine la retraite du général Clauzel sur Burgos ; désespérant alors d'être rejoint en temps utile par l'armée de l'Andalousie et craignant, s'il demeurait plus longtemps sur le Tage, de compromettre ses troupes, il prend le parti de rallier l'armée d'Aragon, dans le royaume de Valence où le maréchal Suchet, aussi sage administrateur que général habile, avait su faire accepter la domination française et procurer à ses soldats des ressources jusqu'alors inconnues en Espagne. L'ordre est envoyé au général Capitaine, gouverneur de Tolède, de réunir ses troupes et de rejoindre l'armée, en laissant dans le fort de Consuegra, qui renfermait des dépôts considérables d'artillerie et des vivres pour deux mois, 200 hommes du régiment de Nassau et du bataillon de Francfort.

Le 14, le roi séjourne à Aranjuez et y organise le convoi et l'armée de la manière suivante :

Division Merlin :

Garde royale.
75e régiment de ligne.
4e bataillon du 12e régiment de ligne.
Une brigade d'infanterie espagnole.
Les chevau-légers westphaliens (escorte du roi).
Les chasseurs de Nassau (escortant la 1re division du convoi).
Une batterie de 6 pièces (française).

Division Darmagnac :

28e régiment de ligne.
Régiment de Baden.
Régiment de Nassau.
Bataillon de Francfort.
Régiment de marche de dragons de l'armée du Midi.
Une batterie de 6 pièces (badoise).

Division Palombini : Tirée de l'armée du Nord et composée de 3000 hommes de troupes italiennes avec 4 pièces.

Ces deux dernières divisions étaient spécialement chargées de protéger l'immense convoi qui accompagnait
l'armée, pendant que le roi, avec une partie des troupes
légères de la division Merlin, marcherait sur le flanc droit
pour le couvrir.

Le 15, le convoi, partagé en cinq divisions, se met en
marche et gagne Villatobas ; l'ennemi ne suit pas le
mouvement et on n'aperçoit que quelques bandes de guérillas. Ce voyage, commencé par une chaleur étouffante,
devait être et fut des plus pénibles ; « des centaines de
familles, quelques-unes aisées, mais le plus grand nombre
vivant à Madrid de leurs appointements et de rations quand
l'argent manquait, n'ayant plus en route cette ressource,
encombraient les chemins sur des voitures mal attelées et,
chaque soir, tendaient la main aux soldats pour obtenir
quelques restes de leur maraude. Partout on trouvait les
habitants en fuite, les greniers brûlés ou vidés et personne
pour échanger contre de l'argent un peu de pain ou de
viande. Au lieu des habitants, on rencontrait souvent d'affreux guérillas, tuant sans pitié quiconque s'éloignait de la
colonne fugitive. Le lendemain, qu'on fut fatigué, malade,
mourant de faim, il fallait partir du gîte où l'on avait passé
la nuit, si on ne voulait pas être égorgé, à la vue même de
l'arrière-garde » (1).

Le 16, le convoi, toujours escorté par le général Darmagnac, gagne Corral de Almaguer ; le 17, la Mota del Cuervo ;
le 18, El Probencio. Le 19, toute l'armée fait séjour. Le 20,
on se remet en marche pour gagner la Minaya ; le 21,
Gineta, le 22, Albacète.

Le 23 août, on arrive devant le fort de Chinchilla qui

(1) Thiers, *Histoire du Consulat et de l'Empire*, t. XV.

ferme un étroit défilé; l'artillerie du fort battait la route ;
il fallut ouvrir un chemin dans la montagne et profiter de
la nuit pour y faire passer le convoi. Cette délicate opération s'achevait sans accidents.

Le 24, le convoi vient à Bonite; le 25, à Almanza, où il
trouve la division Harispe, de l'armée d'Aragon, envoyée au-
devant de lui par le maréchal Suchet; le 26, à Mogente. Le
général Darmagnac va s'établir à Fuente-Higuera pour couvrir sa marche; il y reste le 27, pendant que le roi et le
convoi gagnent San-Felipe et Alberique, et, le 28, il va
occuper Mogente avec sa division.

Les troupes étaient épuisées de fatigue; « la marche que
vient de faire l'armée a été des plus pénibles ; partout les
habitants s'étaient enfuis, emmenant avec eux leur bestiaux;
on trouvait du blé, mais point de farine. La chaleur a constamment été excessive et les puits des villages par lesquels
on passait étaient bientôt épuisés. Les troupes ont donc
beaucoup souffert de la faim, de la soif et de la chaleur. Les
soldats, irrités des souffrances qu'ils éprouvaient, se sont
livrés au pillage ; les dépôts de toutes armes, une foule
d'hommes isolés et l'immense quantité de valets attachés à
l'armée ont commis beaucoup de désordres et quelques
crimes ; les corps organisés se sont moins mal conduits. Il
était impossible de maintenir l'ordre et la discipline parmi
des troupes qui ne recevaient aucune distribution et qui,
après des journées brûlantes, ne trouvaient pas d'eau à
boire. Plusieurs soldats, accablés de soif et de fatigue, ont
été pris par les bandes qui nous ont constamment suivis.
La désertion a été considérable parmi les troupes espagnoles » (1).

(1) *Rapport du maréchal Jourdan, chef de l'état-major de S. M. C. à
S. E. le ministre de la guerre*, San-Felipe, 28 août 1812.

Le 28 août, un ordre de S. M. Catholique réunit l'armée
du Centre à celle d'Aragon et en confie le commandement
supérieur au maréchal Suchet « jusqu'au moment où les
circonstances permettront de reporter les opérations dans le
centre de la Péninsule ». La division Darmagnac est définitivement complétée au moyen du 75ᵉ de ligne et d'un bataillon du 12ᵉ léger, qui se trouvaient déjà à Mogente. Le
régiment de chevau-légers westphaliens, que les fatigues
de la retraite avaient réduit à moins de 200 hommes, passe
sous les ordres du général Treilhard, ainsi que l'escadron des chasseurs de Nassau, qui avait été attaché à
la 1ʳᵉ division du convoi.

Le roi fait son entrée à Valence, le 1ᵉʳ septembre. Le
royaume de Valence, presque rallié à la cause de Joseph,
offrait aux troupes épuisées de l'armée du Centre un bien-
être auquel, depuis bien longtemps, elles n'étaient plus ac-
coutumées. Payées de leur solde arriérée, vêtues à neuf, ré-
gulièrement nourries, c'était avec joie qu'elles attendaient,
au sein de cette abondance, l'arrivée de l'armée du Midi,
toujours en Andalousie. Le roi avait prescrit à Soult de le
rallier sans retard à Valence. Mais le maréchal qui s'était
créé, de fait, une sorte de souveraineté en Andalousie,
ne pouvait se décider à quitter cette province. Le mois
de septembre s'écoulait tout entier, sans modifier la situation (1).

A la fin de septembre, Soult arrive enfin. Après des discussions assez longues, on s'arrête au parti de se porter sur
Madrid en deux grandes colonnes. Celle du Midi, forte de
40000 hommes et commandée par le duc de Dalmatie,
prenant par Chinchilla, San-Clemente, Aranjuez ; celle du

(1) La situation d'effectif des troupes de la Confédération du Rhin était
alors la suivante :

Nord, formée de l'armée du Centre et de 7 000 hommes détachés de l'armée de Soult, se dirigeant par Cuenca, pour venir gagner le Tage à Fuente-Dueña.

Ce mouvement s'exécute sans obstacle de la part de l'ennemi ; le 3 novembre, la division Darmagnac vient, avec le reste de l'armée du Centre, occuper Madrid, tandis que

Armée du Centre. — 1ʳᵉ division : général DARMAGNAC.

1ʳᵉ brigade, général CHASSÉ.

28° régiment français.

—

2° brigade, général de NEUENSTEIN.

	Présents.	Malades.	Total.
Régiment de Nassau (1)	1053	132	1499
Régiment de Baden (2)	1007	124	1162
Bataillon de Francfort (3) (a)	390	85	519
Total de l'infanterie...	2450	338	3180
A la division de dragons du général TREILHARD.			
Cheveau-légers westphaliens (4)	216	9	292
Chasseurs de Nassau	156	10	165
Total de la cavalerie...	372	19	457
A la division DARMAGNAC.			
Artillerie de Baden (5)	102	?	102
Total général...	2924	357	3739

(a) Depuis son entrée en Espagne, le bataillon de Francfort n'avait pas reçu de renforts. Au commencement d'octobre, son chef, le major Fritsch, demanda qu'il fût réduit à 4 compagnies et que les cadres des deux autres fussent envoyés à Francfort. L'Empereur décida, le 24 décembre, qu'il n'y avait pas lieu de faire droit à cette demande, mais que l'on s'adresserait à S. A. R. le grand duc de Francfort pour lui demander de compléter son contingent.

(1) Almanza. — Détachements à Alcira et Consuegra.
(2) Almanza. — Détachements à San-Felipe et Valence.
(3) Almanza. — Détachements à Alcira et Consuegra.
(4) Nallada.
(5) Almanza.

Wellington, craignant d'être enveloppé, se retirait rapidement sur Salamanque. Le roi le suit aussitôt, à la tête de 85 000 hommes des armées du Midi, du Portugal et du Nord (cette dernière avait été appelée sur Madrid, lors du retour de Valence); le 10 novembre, cest rois armées réunies étaient établies sur la Tormès. Une attaque énergique pouvait amener un changement complet dans la situation de la Péninsule; mais l'obstination du maréchal Soult fait manquer le moment opportun et l'armée anglaise se retire, sans être inquiétée, sur Ciudad-Rodrigo.

Le 3 décembre, le roi entre à Madrid; les bandes de l'Empecinado, de Chaleco, de Bassecourt, qui avaient profité de l'absence des troupes pour réoccuper la capitale, s'empressent de l'évacuer à leur approche. Les trois armées se cantonnent, savoir : l'armée de Portugal, en Castille; celle d'Andalousie, sur le Tage, entre Aranjuez et Talaveyra; l'armée du Centre, aux environs mêmes de la capitale. Le régiment de Baden s'établit dans Madrid; le bataillon de Francfort va occuper une partie de la province de Ségovie. Le régiment d'infanterie et les chasseurs à cheval de Nassau sont répartis entre l'Escurial, Guadarrama et Galapajar, pour garder la route de Madrid à Ségovie. L'artillerie badoise est divisée : 4 pièces restent à Madrid, avec le régiment d'infanterie; les deux autres sont envoyées à Guadalaxara, à la division italienne du général Palombini (2ᵉ de l'armée du Centre). Les chevau-légers westphaliens, prévenus trop tard lors du départ de Valence, n'avaient pu suivre le mouvement; ils restèrent à l'armée d'Aragon qu'il ne quittèrent plus, malgré les demandes réitérées du roi.

« Telle fut la fin de cette triste campagne de 1812, dans laquelle les Anglais nous avaient pris les places importantes de Ciudad - Rodrigo et de Badajoz, nous avaient gagné une bataille décisive, nous avaient un moment enlevé Madrid, nous avaient forcés à évacuer l'Andalousie, nous avaient bravés jusqu'à Burgos et, en revenant sains et saufs d'une pointe aussi hardie, avaient mis à nu toute la faiblesse de notre situation en Espagne (1). »

(1) Thiers, *Histoire du Consulat et de l'Empire*, t. XV.

CAMPAGNE DE 1813.

—

SOMMAIRE DE LA CAMPAGNE DE 1813.

Situation générale. — L'armée anglo-espagnole reprend l'offensive. — Évacuation de Madrid et retraite vers le Nord par Valladolid, Burgos et Vittoria.
— Bataille de Vittoria ; pertes des troupes allemandes. — Formation d'une
« armée d'Espagne » sous le commandement du maréchal Soult ; la brigade
allemande passe à la division d'infanterie de réserve (Willate). — Opérations en avant de Bayonne ; combat d'Irun ; affaire du 10 décembre.
Le régiment de Nassau et le bataillon de Francfort passent à l'ennemi ;
les troupes de Baden sont désarmées. — Situation d'effectif au 10 décembre 1813. — Les contingents allemands sont rapatriés par la flotte anglaise. — Conclusion.

Pendant que les événements que nous venons de décrire
se passaient en Espagne, la campagne de Russie avait eu
lieu ; les débris de l'armée française regagnaient le Niémen ;
le corps prussien du général d'Yorck se joignait aux Russes,
donnant ainsi à l'Allemagne le signal du soulèvement. Le
grand empire marchait à sa ruine ; un an à peine nous sé-
parait encore du moment où l'Europe coalisée envahirait la
France par le Rhin et les Pyrénées.

Cependant les troupes allemandes, isolées au milieu de
la Péninsule espagnole, ne ressentaient pas encore l'in-
fluence de la fermentation furieuse qui se développait au
delà du Rhin ; elles continuaient à lutter, côte à côte, avec
ceux que leurs compatriotes se préparaient déjà à combattre.

Les premiers mois de l'année 1813 s'écoulèrent assez
tranquillement. La brigade de la Confédération, toujours
chargée de maintenir le pays par de nombreuses colonnes

mobiles, occupait à peu près les mêmes emplacements qu'à la fin de 1812 (1).

Pendant ce temps, Wellington, nommé généralissime par les Cortès de Cadix, préparait une campagne décisive à laquelle devaient concourir 50 000 Anglais, 25 000 Portugais et 30 000 Espagnols formant une masse totale de plus de 100 000 hommes à opposer aux 80 000 dont disposait le roi Joseph.

Dans ces conditions, on ne pouvait songer à conserver Madrid ; sur les ordres réitérés de l'Empereur, Joseph se décide à abandonner, de nouveau, sa capitale et à gagner Valladolid, avec toute son armée, ses blessés et ses malades. Cette longue évacuation demanda près d'un mois, et ne fut terminée que vers la fin de mars. Les troupes furent

(1)   *Régiment de Nassau.*
   Un bataillon avec l'état-major à l'Escurial.
   Un bataillon à Guadarrama.

            Régiment de Baden.
   Un bataillon avec l'état-major à Aranjuez.
   Un bataillon à Valdemoro.
   Bataillon de Francfort, à Ségovie.
   Chasseurs de Nassau, à Illescas.
   Artillerie badoise, à la division Darmagnac.

Un bataillon provisoire de Nassau « fort de 250 hommes superbes et très en état de rendre de bons services » avait quitté Mayence le 6 novembre 1812. Arrivé à Bayonne le 1er janvier 1813, il en était reparti le 3 pour rallier son régiment. Un autre bataillon de 600 hommes était prêt à Wiesbaden, ainsi que deux escadrons de chasseurs. Le 18 février, l'ordre est expédié de les mettre en route et de diriger 400 hommes sur Bayonne, pour le 2e régiment et 200 sur Perpignan pour le 1er (en Catalogne). — « LL. AA. SS. les duc et prince de Nassau ont à cœur de dépasser l'effectif fixé pour leurs troupes employées en Espagne, le chiffre de ces troupes ne leur ayant pas permis de faire partir un contingent pour prendre part à la guerre que l'auguste Protecteur de la Confédération du Rhin soutient glorieusement dans le Nord. » (*Dépêche du* 18 août 1812.)

alors distribuées de la manière suivante : l'armée de Portugal, sous le commandement du général Reille, à Burgos et en avant de Palencia, observant l'armée espagnole de la Galice; l'armée d'Andalousie, aux ordres du général Gazan, sur le Douro et la Tormès, pour faire face à l'armée anglo-portugaise campée dans le Beira. Quant à l'armée du Centre, commandée par le général comte d'Erlon, sa 2ᵉ division s'établissait à Valladolid, tandis que la 1ʳᵉ (Darmagnac) laissée plus en avant, était chargée d'appuyer la division Leval (de l'armée d'Andalousie), isolée à Madrid, et de couvrir les communications entre Ségovie et Valladolid. En conséquence, le 1ᵉʳ avril, la 2ᵉ brigade (allemande) va occuper, savoir :

Général DE NEUENSTEIN.

> Le régiment de Nassau : Navas de Coca.
> Le régiment de Baden : Olmedo et Valdestillas.
> Le bataillon de Francfort : Cuellar.
> Les chasseurs de Nassau : Olmedo (avec la division de dragons Treilhard).
> L'artillerie badoise : à la division Darmagnac.

Le 1ᵉʳ mai, toute la brigade vient se concentrer à Olmedo et à Valdestillas.

Telle était la situation au moment où Wellington rouvre la campagne. Le 11 mai, son aile gauche franchit l'Ezla, et, le 20, le gros de l'armée s'avance sur Salamanque et la Tormès. L'ordre est alors envoyé à la division Leval d'évacuer Madrid, et à toutes les troupes sur les lignes de la Tormès, du Douro et de l'Ezla, de rétrograder lentement pour donner au général Leval le temps de se replier. La division Darmagnac va renforcer sur l'Ezla le général Reille.

L'ennemi se montrait circonspect; nos soldats étaient

aussi braves que bien commandés ; le général Reille se retire en bon ordre et, le 2 juin, il se trouvait entre Rio-Seco
et Palencia, couvrant la route de Valladolid à Burgos, qui
formait la ligne de retraite de l'armée.

Les trois armées de Portugal, de l'Andalousie et du
Centre (52 000 hommes) étaient groupées autour de Valladolid. Livrer bataille avant d'avoir rallié l'armée du Nord
eût été dangereux ; il est décidé qu'on gagnera Burgos. Le
roi y arrive le 9 juin. Le général Reille, avec les divisions
Maucune et Darmagnac, s'établit sur le Rio-Hormaza, le
général Gazan avec l'armée d'Andalousie sur le Rio–Urbel,
à cheval sur l'Arlanzon, la division restante de l'armée du
Centre dans Burgos.

Là encore, on ne pouvait s'arrêter longtemps ; les vivres
étaient rares, l'ennemi menaçant ; en remontant vers les
Pyrénées, on devait rallier l'armée du Nord. Ces considé-
rations font adopter le parti de la retraite sur Vittoria.
L'évacuation commence le 11 juin ; le 12, le général Reille
s'apercevant que l'ennemi essaye de déborder notre droite,
veut le contraindre à déployer ses forces et tient en arrière du Rio-Hormaza ; les Anglais montrent environ
25 000 hommes ; mais le général Reille, qui n'en avait pas
la moitié, manœuvre avec tant d'habileté et de vigueur
qu'il leur tue de 300 à 400 hommes, sans en perdre lui-
même plus d'une cinquantaine ; puis il repasse le Rio-Hormaza et l'Arlanzon, dans un ordre parfait. Les troupes allemandes avaient pris part à cette affaire ; une pièce badoise,
dont l'essieu avait été brisé, dut être abandonnée.

L'armée arrive, le 14 juin, à Briviesca ; le 15, à Pancorvo ; le 16, à Haro ; le quartier-général s'établit à Miranda. Après de nouvelles discussions pour savoir si l'on
descendrait l'Èbre afin de se porter au-devant de l'armée

du Nord, ou si l'on marcherait directement sur Vittoria, ce
dernier parti est adopté. L'armée du Centre quitte Miranda
dans la nuit du 18 au 19 juin, et, le 19 dans la soirée, les trois
armées se trouvent réunies, sans accidents, autour de la ville.

« Vittoria (1), située au pied des Pyrénées, sur le versant
espagnol, s'élève au milieu d'une jolie plaine entourée de
montagnes de tous côtés. Si on y prend position, le dos
tourné aux Pyrénées, on a sur la droite le mont Arrato qui
vous sépare de la vallée de Murguia, devant soi la Sierra
de Andia, et, sur la gauche, des côteaux à travers lesquels
passe la route de Salvatierra à Pampelune. Une petite rivière, celle de la Zadorra, arrose toute cette plaine et
s'échappe à travers la Sierra de Andia par un défilé très-
étroit, appelé la Puebla.

» Bien que peu considérable, cette rivière, susceptible
d'une bonne défense, devait être fortement gardée ; car,
en la franchissant, l'ennemi pouvait tomber sur les derrières ou sur le flanc de notre armée rangée dans le bassin
de Vittoria et faisant face au sud. Dans l'intérieur même du
bassin, on trouve une éminence sur laquelle est bâti le village de Zuazo, qui, fortement occupé, permettait de mi-
trailler l'ennemi débouchant sur la route ou descendant des
hauteurs pour franchir la Zadorra (2). »

« L'armée du Midi (4 divisions) prend position en première ligne ; l'armée du Centre se place en arrière du village d'Ariñiz, la 1re division d'infanterie (général Darmagnac) ayant la gauche à la route, la droite se prolongeant
vers Margarita. La 2e division d'infanterie (général Cassagne), la droite à la route ; la division de dragons Treilhard, en arrière de la 2e division d'infanterie et en avant

(1) Voyez le plan de la bataille.
(2) Thiers, *Histoire du Consulat et de l'Empire*.

de Gomecha; le 27e chasseurs à cheval, les chasseurs de
Nassau et 2 compagnies de voltigeurs, sous le général Avy,
à la Hermandad, observant la Zadorra.

» L'armée du Portugal (3 divisions dont une espagnole)
gardait les ponts de la haute Zadorra, à Arriaga, Gamarra
Mayor et Durana; le grand parc et les voitures étaient en
arrière de Vittoria.

» Le 21, l'ennemi commence son mouvement. L'attaque
principale paraissait devoir se produire sur notre gauche.
La division Cassagne est établie au débouché des montagnes de gauche, à Berestiguera; la division Darmagnac et
les dragons du général Treilhard restent en position. »

Pendant ce temps, la véritable attaque se prononce sur
la droite. La division Darmagnac est envoyée au village de
la Hermandad pour garder la Zadorra; l'ordre est donné à
la division Cassagne d'y venir également.

Les colonnes ennemies, ayant passé la Zadorra aux ponts
de Trespuentes, attaquent la division Darmagnac, à la Hermandad. Les troupes de cette division et son artillerie, commandée par le major badois Delassollaye, officier des plus
intrépides, soutiennent dans ce village un combat très-vif
et fort meurtrier; mais des colonnes ennemies étant des-
cendues sur Ariñiz et se portant sur Gomecha, on bat en
retraite vers Zuazo. Le général Cassagne, qui arrivait en ce
moment, est placé à droite du village. Bien que fortement
engagée, la division Darmagnac fait sa retraite en bon ordre
et vient prendre position à gauche; l'assaillant tente inutilement d'enlever cette position, devant laquelle il perd
beaucoup de monde.

Telle était la situation quand le roi envoie l'ordre de se
replier sur Vittoria, l'ennemi débordant notre gauche. Les
troupes devaient prendre leur direction entre la Zadorra et

Vittoria, afin d'être à même de soutenir l'armée de Portugal. Chaque division exécute son mouvement en colonne serrée et dans le meilleur ordre ; la route de France étant coupée, le roi prescrit de prendre celle de Salvatierra. Cette route était assez éloignée ; pour la joindre, il fallait traverser un terrain fort coupé, de sorte que l'artillerie et tous les bagages durent être laissés à l'ennemi ; celui-ci nous suit de près ; il tente une charge qui échoue devant la ferme contenance de la division Darmagnac, et l'armée du Centre gagne les bois sans être inquiétée (1).

Le 22 juin, on gagne Ciordia ; le 23, La Cunza, où l'armée prend position, la division Darmagnac formant l'arrière-garde. Le 24, la marche continue sur Pampelune, par un fort mauvais temps ; la division Darmagnac était toujours à l'arrière-garde. A Yrurzun, elle se forme en bataille pour arrêter un instant les Anglo-Espagnols, et permettre au gros de l'armée de gagner un peu d'avance. Une vive canonnade s'engage du côté de l'ennemi ; on lui répond avec deux pièces envoyées en toute hâte de Pampelune à la division d'arrière-garde, et l'action se prolonge ainsi, à distance, jusqu'au soir.

Dans la nuit, le général Darmagnac, apprenant qu'il avait devant lui le gros même de l'armée alliée, sous les ordres de Wellington en personne, commence son mouvement de retraite ; « il l'exécute avec beaucoup d'ensemble et de tranquillité, quoiqu'il soit fortement suivi jusqu'au village de Berrio-Plano, où il prend position. » Il y bivouaque pendant la nuit, et, le 25, il arrive à Elizondo, où toute l'armée s'arrête jusqu'au 4 juillet. « Je dois à la justice — ajoute le comte d'Erlon, en terminant son rapport — de dire que

(1) *Extrait du rapport du général comte d'Erlon, commandant l'armée du Centre.*

BATAILLE DE VITTORIA

(21 Juin 1813)

D'après le Croquis joint au Rapport du Général. Cte D'ERLON
Commandant l'Armée du Centre

Le Spectateur Militaire.   Mai 1873

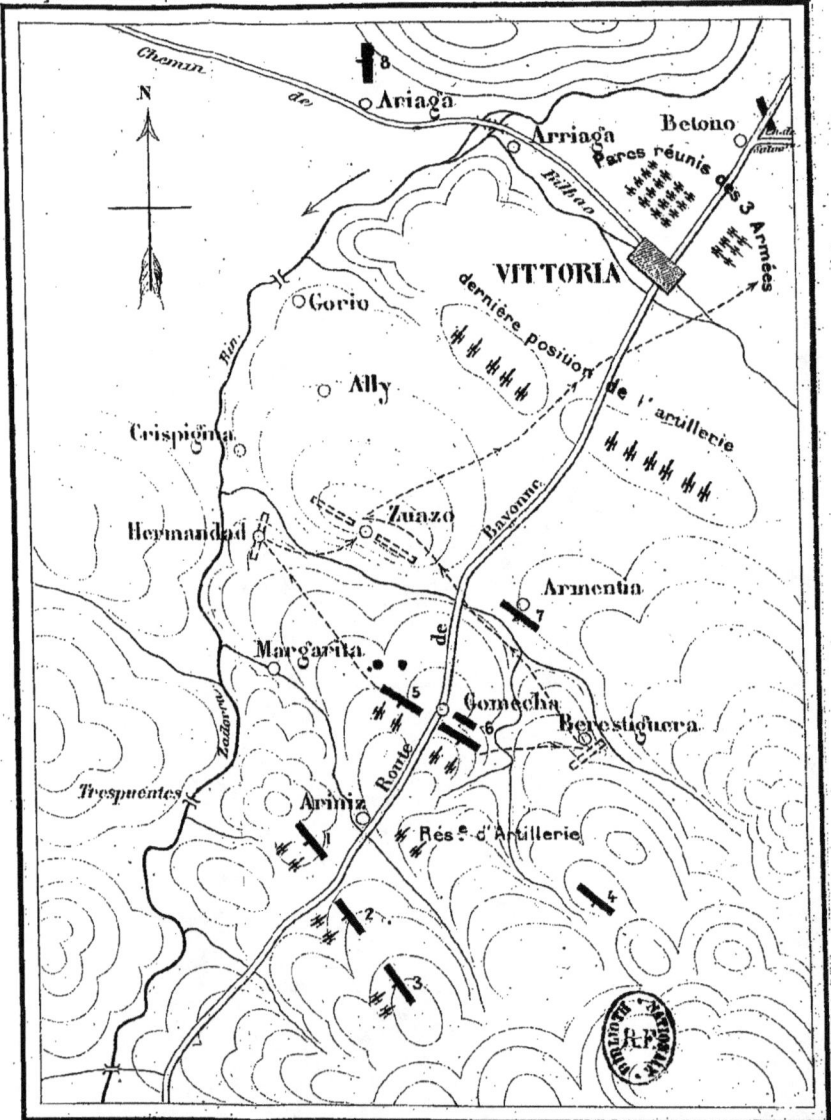

Gravé chez Erhard.   Imp. Fraillery.

1.2.3.4 — *Divisions de l'armée du Midi*
5.6 —   *id*   *id   du Centre*
7.8 —   *id*   *id   du Portugal*

dans l'affaire du 21 et dans les engagements qui ont eu lieu les jours suivants, généraux, officiers et soldats, tous ont fait leur devoir. »

La malheureuse bataille de Vittoria nous coûtait 5000 morts ou blessés, de 1500 à 1800 prisonniers, 200 bouches à feu. La brigade allemande figurait dans ce tota pour les chiffres suivants :

	Tués.	Prisonniers.
Régiment de Nassau	24	210
Bataillon de Baden (1).	17	39
Bataillon de Francfort (2). . . .	17	»
Chasseurs de Nassau.	1	10
Total. . . .	59	249

Le 5, l'armée gagne Saint-Pé ; le 7, Mendiondes ; le 8, Espelette. Au 15 juillet, l'infanterie allemande occupe ce bourg avec l'artillerie et le train de Baden ; les chasseurs de Nassau sont à Cambo.

L'Espagne était perdue pour nous ; l'ennemi touchait à la frontière ; l'Empire, si longtemps envahisseur, allait être envahi à son tour.

Ce fut à Dresde, où il se préparait à lutter contre la coalition, que Napoléon apprit la terrible nouvelle de la retraite de l'armée d'Espagne et de la présence sur les Pyré-

(1) Par suite de pertes successives et de toute nature, les deux bataillons du régiment de Baden étaient tombés à un effectif, l'un de 240 hommes, l'autre de 300. Ils furent alors réunis en un seul bataillon de 550 hommes environ.

(2) Le bataillon de Francfort n'avait plus alors que 300 hommes en état de combattre. Le général d'Erlon, sur la demande du major Welsch, autorisa alors la réduction du bataillon à 3 compagnies formant un total de 359 hommes, officiers compris. Le 2 juillet, les cadres des trois autres compagnies partaient d'Elizondo pour aller chercher des recrues au grand dépôt de Francfort. Par suite des événements dont l'Allemagne était alors le théâtre, ces compagnies ne revinrent plus à l'armée d'Espagne.

nées de l'armée anglo-portugaise jointe aux Espagnols. Par
un décret en date du 6 juillet, il réunit les débris des armées du Midi, du Centre, du Nord et du Portugal en une
seule masse, sous le nom de « armée d'Espagne », et il prescrit au maréchal duc de Dalmatie d'aller immédiatement en
prendre le commandement. Le maréchal Suchet conservait
la direction des forces françaises opérant dans l'est de la
Péninsule, qui gardaient leur dénomination d'armée d'Aragon et de Catalogne.

Soult arrive en toute hâte d'Allemagne et partage ses
troupes en aile droite, aile gauche et centre, sous les ordres
des généraux Reille, Clauzel et d'Erlon. Elles comprenaient
9 divisions d'infanterie, 2 divisions de cavalerie et une division d'infanterie de réserve, sous les ordres du général
Willatte, composée de :

> La garde royale espagnole.
> Une brigade espagnole.
> Une brigade italienne.
> La brigade allemande (1).

(1) Situation au 1ᵉʳ août 1813 :

Armée d'Espagne. — 1º Division d'infanterie de réserve. Brigade allemande.

Colonel de *Kruze*, commandant la brigade.

	Présents.	Aux hôpitaux.	Total.
Régiment de Nassau	1035	402	1521
Bataillon de Baden	564	69	652
Bataillon de Francfort	310	57	367
2º A la division DARMAGNAC (2º division).			
Artillerie de Baden	79	15	96
Train de Baden	78	8	86
3º 1ʳᵉ division de cavalerie.			
Chasseurs de Nassau (2 escadrons)	243	»	243
Total	2309	551	2965

Des forces avaient été laissées dans un grand nombre de places, et notamment à Pancorvo, Saint-Sébastien et Pampelune. Les alliés en poussaient vigoureusement le siége, voulant s'en rendre maîtres avant de pénétrer en France. Afin de les dégager et d'en rallier les garnisons, le maréchal Soult prononce un mouvement offensif et livre, le 25 juillet, la bataille de Çubiry ; les positions de l'ennemi ne peuvent être forcées, et l'armée se replie avec des pertes considérables. La division Willatte, chargée de contenir l'adversaire sur la basse Bidassoa, n'avait pas été engagée.

La brigade allemande vient s'établir au camp de Serres, et un mois s'écoule sans événements importants. Les siéges de Saint-Sébastien et de Pampelune continuaient toujours; Soult se décide à tenter un nouvel effort pour dégager ces deux places.

Dans la nuit du 30 au 31 août, 3 divisions de l'aile droite, sous le général Reille, se portent sur la basse Bidassoa : 4 divisions, sous le général Clauzel, se réunissent en avant d'Ascain ; la division de réserve Willatte prend position au centre. Le 31 août, dès le matin, l'attaque commence. Les généraux Reille et Willatte franchissent la Bidassoa au gué de Biriatou et abordent l'ennemi ; malgré des efforts inouïs, ils ne peuvent enlever ses positions en avant d'Irun. Le maréchal donne alors l'ordre de la retraite ; mais pendant la journée, une pluie incessante avait grossi la rivière, qui n'était plus guéable ; il fallut donc remonter pour gagner le pont de Vera et le traverser, au prix de pertes très-fortes, sous le feu d'un fortin qui en défendait les abords.

Cette journée infructueuse, appelée le combat d'Irun,

nous avait coûté beaucoup de monde ; la brigade allemande y figurait pour 37 tués (1).

Le mois de septembre s'écoule sans incidents remarquables ; les troupes de Nassau et de Baden étaient au camp d'Ascain, le bataillon de Francfort au camp de Serres, les chasseurs de Nassau à Azeireix, Ibos et Iuliau ; l'artillerie et le train de Baden faisaient toujours partie de la 2ᵉ division d'infanterie (Darmagnac).

Le 8 octobre, la garnison de Saint-Sébastien capitule, après une résistance héroïque. Le même jour, les Anglais passent la Bidassoa et s'emparent des postes de la Croix des Bouquets et de la Baïonnette. Le 13 octobre, Pampelune ouvre également ses portes.

Débordé sur la Bidassoa, le duc de Dalmatie se concentre un peu en arrière ; l'aile droite occupait Urrugne, les deux côtés de la route de Saint-Jean-de-Luz et les ouvrages situés en avant de cette ville, ayant à Cibour, faubourg de Saint-Jean-de-Luz, le régiment de Nassau et le bataillon badois ; l'aile gauche était à Ascain, au camp de Serres où se trouvait toujours le faible bataillon de Francfort, à Sarre dans la redoute Sainte-Barbe et à la Rhune ; le Centre occupait les divers points en avant d'Ainhoa, le camp de Souraïde, le mont Darren et le mont Chaporra, en avant d'Espelette. Une brigade couvrait Saint-Jean-Pied-de-Port. La ligne de bataille avait une longueur de 5 lieues, depuis Urugne jusqu'à Cambo ; la tête de pont de ce dernier village était défendue par 2 bataillons de la garde nationale du département des Landes.

Le 10 novembre, au point du jour, les Anglais attaquent en portant leur effort principal sur notre gauche qui est débordée; à deux heures, ils étaient maîtres de Saint-Jean-

(1) Nassau, 11 ; Baden, 21 ; Francfort, 5.

de-Luz, d'Ascain, du camp de Serres, de Sarre, d'Ainhoa et
du camp de Souraïde. A la nuit tombante, l'armée française
occupait une position à peu près semblable à celle du matin, mais à deux lieues environ en arrière, la gauche appuyée à Nive et à Ustaritz, la droite à Bidart et à la mer ;
la tête de pont de Cambo était toujours gardée. Wellington
établit son quartier général à Saint-Jean-de-Luz.

La disposition concentrique des cours d'eau se prêtait à
la défense, et, malgré la disproportion des forces engagées
de part et d'autre, Soult en tirait admirablement parti. Il
avait fallu quatre mois à l'armée d'invasion pour venir de
Vittoria à Saint-Jean-de-Luz. Délogé de la ligne de la Ni-
velle comme il l'avait été de celle de la Bidassoa, le maréchal établit son quartier général à Bayonne et prend la Nive
comme nouvelle ligne de défense ; l'aile droite, formée des
divisions Boyer, Maucune et Willatte, s'établit à cheval sur
la route de Saint-Jean-de-Luz, les avant-postes à hauteur
de Biarritz. Toute la brigade allemande est repliée dans le
camp de Bayonne (1).

La fin du mois de novembre s'achève sans nouveaux incidents ; le temps était fort mauvais ; la Nive, grossie par
les pluies, rendait les opérations difficiles et incertaines.

Le 9 décembre, les eaux ayant un peu baissé, Wellington reprend l'offensive dans le but de forcer la ligne de la
Nive. Il franchit la rivière à Cambo et refoule la division
Foy ; mais, à sa gauche, il ne peut s'ouvrir le passage, de
sorte que, dans la soirée, l'armée anglaise se trouve à che-

_____

(1) Les divers engagements qui avaient eu lieu dans les journées des 10,
11 et 12 novembre lui avaient coûté 27 hommes dont 9 prisonniers. — Les
chasseurs à cheval de Nassau (2 escadrons) avaient été dirigés sur la division
de cavalerie de l'armée d'Aragon et de Catalogne, où se trouvaient déjà les
chevau-légers westphaliens.

val sur la Nive, occupant un front de plus de trois lieues; une nouvelle crue, survenue dans la journée, menaçait d'enlever les ponts et de couper toute communication entre les deux ailes.

Le maréchal Soult veut profiter de cette situation dangereuse de l'adversaire pour tenter un vigoureux effort contre sa gauche. L'attaque commence le 10 au matin; les Anglais sont rejetés sur Bidart et Aveaugues d'où ils ne peuvent être délogés. Nos troupes demeurent en face des positions qu'elles n'ont pu enlever, de Bidart au plateau de Bassussary. La brigade allemande avait encore pris part à cette affaire; « les compagnies d'élite des 9e et 34e légers et celle des voltigeurs de Baden ont combattu vaillamment et ont repoussé l'ennemi, lorsque celui-ci ramenait les tirailleurs de la 1re division. M. Heming, colonel des troupes badoises, a été blessé (1). »

Telle était la situation, quand un événement imprévu se produit : dans la nuit même du 10 au 11 décembre, le régiment de Nassau et le bataillon de Francfort passent à l'ennemi.

Il est indispensable, pour expliquer cette soudaine défection, de reprendre les faits d'un peu plus haut.

De graves événements avaient eu lieu pendant l'année 1813; l'Allemagne, l'Europe entière s'étaient déclarées contre nous; les batailles de Lutzen, de Bautzen, de Dresde, Leipzig, de Hanau, marquaient les étapes rétrogrades de Napoléon. Les Français avaient repassé le Rhin et les alliés se préparaient à le franchir à leur tour. Dans de semblables conditions, il devenait impossible de compter plus longtemps sur les troupes allemandes, qui, sur la frontière d'Espagne, luttaient encore dans les rangs de ceux que leurs compatriotes combattaient déjà. L'Empereur l'avait compris, et un décret du 25 novembre prescrivait de désarmer les troupes étrangères et de les considérer comme prisonnières de guerre. « Ce seront des fusils en plus et des ennemis en moins », disait Napoléon.

La mesure paraissait au moins prudente, car les derniers événements avaient donné une intensité nouvelle à l'embauchage; dès le 11 juillet, le général Thouvenot, gouverneur de Bayonne, écrivait au ministre de la guerre que l'esprit du 2e régiment de Nassau lui donnait des inquiétudes et qu'il allait le faire surveiller. Cependant les contingents allemands continuaient à marcher bravement et à prendre part, comme nous venons de le voir, à toutes les affaires de la fin de l'automne; les désertions étaient fort rares et aucun signe extérieur de mécontentement ne présageait l'incident du 11 décembre.

En quittant le champ de bataille dans la soirée du 10, le maréchal Soult faisait prescrire à la division de réserve de rentrer dans le camp de Bayonne; il s'y rendait lui-même et y trouvait la dépêche du ministre de la guerre relative au désarmement immédiat des troupes de la Confédération du Rhin. Par une étrange coïncidence, au moment où le duc de Dalmatie prenait les dispositions nécessaires, le régiment de Nassau et le bataillon de Francfort, franchissant la ligne des avant-postes, allaient rejoindre l'armée anglo-espagnole.

Voici le rapport que, dès le 11, le maréchal Soult adressait à ce sujet au ministre de la guerre (1) :

« J'éprouve le désagrément d'être dans le cas de rendre compte à Votre Excellence que le 2e régiment de Nassau et

_____

(1) *Rapport du maréchal duc de Dalmatie, commandant en chef l'armée d'Espagne, au ministre de la guerre*, Bayonne, 11 décembre 1813.

le bataillon de Francfort ont passé, la nuit dernière, aux
ennemis. Cet événement a eu lieu à l'instant même où la
lettre que Votre Excellence m'a écrite, le 1ᵉʳ de ce mois,
pour me prescrire de faire désarmer cette troupe, me parvenait par courrier ordinaire.

» Hier au soir, en quittant l'attaque de droite sur le
plateau de Barouillet, je donnai l'ordre à M. le lieutenant-
général Gazan, chef de l'état-major général, de faire partir,
à la nuit tombante, la division de réserve, de laquelle la
brigade allemande faisait partie, pour aller bivouaquer sur
les hauteurs de Plaisance, et, ce matin, avant d'être instruit
de ce qui était survenu, j'avais ordonné que cette division
rentrât dans le camp retranché pour y continuer les travaux.
Cette dernière disposition avait aussi pour but d'assurer
l'exécution de l'ordre de Votre Excellence, que j'avais reçu
entre dix et onze heures du soir; mais les déserteurs ennemis, arrivés ce matin, m'ont appris que le régiment de
Nassau et le bataillon de Francfort venaient de se rendre
aux ennemis. J'ai de suite envoyé ordre que l'on désarmât
ce qui restait de cette troupe, ainsi que le bataillon et l'artillerie de Baden, ce qui a été exécuté.

» Voici comment cet événement m'a été rapporté : La division de réserve avait marché pendant une heure pour se
rendre à la position que j'avais indiquée, lorsque le colonel
de Kruze, qui commandait la brigade allemande, s'est arrêté; le 34ᵉ d'infanterie légère suivait le mouvement; le
major de ce corps a été lui dire que la troupe se fatiguait
inutilement et qu'il l'engageait à serrer sur la tête de colonne. M. de Kruze lui a répondu que le chemin était très-
mauvais, mais qu'il allait en prendre un autre pour dégager la marche; effectivement, il s'est mis sur le côté, et le
34ᵉ a suivi dans la direction de la colonne; mais M. de

Kruze, profitant de l'obscurité, a fait volte-face et a conduit
son régiment et le bataillon de Francfort aux ennemis, en
passant par le même chemin qu'il avait tenu en revenant du
champ de bataille et évitant les postes qui étaient sur la
ligne.

» Les officiers de Nassau et ceux de Francfort ont laissé
tous leurs équipages ; plusieurs officiers et quelques soldats
sont même restés ; ils avaient aussi des hommes à leur petit dépôt. Les officiers de Baden assurent qu'il ne leur a rien
été dit et qu'ils n'avaient pas le moindre soupçon de cette
trahison. »

Dans la matinée du 11 décembre, les troupes de Baden
étaient désarmées et conduites dans la citadelle de Bayonne,
où l'on réunissait également tout ce qui restait encore des
contingents de Nassau et de Francfort. On désarmait aussi
les petits dépôts de la brigade de la Confédération établis
à Tarnos et près de Pau (1).

(1) Situation au 10 décembre 1813 :

      Armée d'Espagne. — Division de réserve : général WILLATTE.

1° Brig. allemande : col. *De Kruze.*

2e rég. léger de Nassau : col. *De Kruze.*

	Présents.	Aux hôpitaux.		Total.
1er bataillon, major de Goedeck	512	146	731	}1401 (a).
2e bataillon, prince de Wittgenstein	504	136	670	

    4e rég. de Baden : colonel *Heming.*

1 bataillon	483	26	514

    Bat. de Francfort, cap. *Damboer.*

3 compagnies	284	71	355

    2° A la division DARMAGNAC (2e div.).

Artillerie de Baden : capit. *Schuhknecht*	79	12	91
Train de Baden : lieut. *Fulling*	76	8	85
Total	1868	399	2446

(a) Dont 6 officiers et 95 hommes aux dépôts de Tarnos et de Lescars.

Quel jugement l'histoire portera-t-elle sur l'événement qui clôt ce récit? Sera-t-il qualifié trahison, comme n'hésite pas à le faire le maréchal Soult, ou n'y verra-t-on qu'une légitime manifestation du sentiment patriotique et lui appliquera-t-on ce que l'illustre historien du Consulat et de l'Empire écrivait au sujet d'un fait analogue, la défection du corps prussien d'Yorck, en décembre 1812? « Pour moi, qui écris ces tristes récits, je suis Français et, je l'ose dire, Français profondément attaché à la grandeur de mon pays; et cependant je ne puis, au nom même des sentiments que j'éprouve, exprimer un blâme pour ces patriotes allemands, qui, servant à contre-cœur une cause qu'ils sentaient n'être pas la leur, revenaient à la cause qu'ils croyaient être celle de leur patrie (1). » Que chacun apprécie et juge.

Le régiment de Nassau et le bataillon de Francfort, très-bien accueillis par Wellington, étaient embarqués à Saint-Sébastien et ramenés en Allemagne. — Quelques semaines plus tard, Napoléon abdiquait et les Bourbons remontaient sur le trône de France. La Confédération du Rhin devenait la Confédération germanique. Cinquante-deux ans après, celle-ci disparaissait à son tour, au profit de la Prusse, pour faire place à la Confédération de l'Allemagne du Nord, et quatre ans à peine s'étaient écoulés, que des intérêts allemands, mis en jeu en Espagne, amenaient le formidable orage duquel devait sortir le nouvel empire germanique.

Sur quels champs de bataille de l'avenir verrons-nous encore ces contingents de l'Allemagne méridionale, qui, par sa position géographique, semble fatalement vouée à être entraînée tour à tour dans la sphère d'action des puissances voisines?

(1) Thiers, *Histoire du Consulat et de l'Empire*, t. XV.

SECONDE PARTIE

ARMÉE DE CATALOGNE.

SOMMAIRE DE LA CAMPAGNE DE 1809.

Résumé de la campagne de 1808. — Arrivée en Catalogne des troupes du grand-duché de Berg, du grand-duché de Wurtzbourg et du bataillon des Princes. — Arrivée d'une division westphalienne. — Commencement du siége de Girone. — Le maréchal duc de Castiglione remplace le général Gouvion Saint-Cyr. — Prise de Girone. — La division Rouyer (3º division de la Confédération du Rhin) est désignée pour faire partie de l'armée de Catalogne; sa composition. — Elle passe le Rhin et se dirige sur Perpignan.

Tandis que le centre et le nord de l'Espagne étaient le théâtre des événements qui font l'objet de la première partie de ce travail, à l'est de la Péninsule, presque sur la frontière française, d'autres contingents de la Confédération du Rhin luttaient également, tantôt dans des combats obscurs dont le nom même est oublié, tantôt dans des siéges mémorables dont le souvenir vivra à jamais dans l'histoire. Nous voulons parler de l'armée de Catalogne, qui, sous les ordres de Gouvion Saint-Cyr, poursuivait, dans un pays difficile, au milieu de populations fanatisées, une guerre incessante où l'on chercherait en vain ces batailles rangées, ces victoires décisives qui marquent de quelques points saillants les campagnes de la Grande-Armée dans le centre de l'Espagne.

« De hautes montagnes, des vivres rares, des places fortes nombreuses dans des situations bien choisies où la nature fait la plus grande partie des frais, une population nombreuse et belle, énergique et vaillante, telle est la Catalogne, le plus riche fleuron de la couronne d'Espagne. » Entièrement soulevée contre les envahisseurs, elle avait armé à elle seule près de 50 000 volontaires qui, organisés en *tercios*, sous le nom de *miquelets* et de *somatens*, prêtaient un puissant secours aux troupes de ligne.

Le 7ᵉ corps de la Grande-Armée, chargé de la difficile conquête de cette province, n'eut jamais de rapports avec les autres forces françaises engagées en Espagne ; jamais ses opérations ne furent concertées avec les leurs ; les ordres de l'Empereur lui parvenaient directement par le ministre de la guerre. La situation de la Catalogne, séparée du versant de l'Océan par de hautes montagnes, explique le caractère entièrement distinct de ces opérations et permet d'en faire facilement l'objet de quelques chapitres spéciaux. Nous allons donc essayer d'indiquer, à son tour, la part prise par les troupes de la Confédération du Rhin à la guerre de Catalogne, de 1809 à 1813 ; nous commencerons tout d'abord par résumer les événements principaux, qui, au début même de la lutte, précédèrent leur arrivée dans cette province.

Au mois de février 1808, le général Duhesme s'emparait, par surprise, de la place de Figuères ainsi que des forts de Barcelone, et, quelques semaines plus tard, la division de Chabran essayait une pointe sur Tarragone. Arrêtée par les masses insurgées, elle rentrait à Barcelone (juin 1808). A la même époque, la brigade du général Schwarz marchait sur le Montserrat; mais elle était repoussée près du village de Bruch.

Le soulèvement était alors devenu général; les communications avec la France n'existaient plus, pour ainsi dire. Il y avait un intérêt urgent à occuper les deux places de Girone et d'Hostalrich, qui fermaient la route de Perpignan, et sans lesquelles il devenait à peu près impossible de conserver Barcelone. Or, Barcelone était la clef de toutes les opérations ultérieures en Catalogne. « Si je perdais Barcelone, disait l'Empereur, je ne la reprendrais pas avec 80 000 hommes. » En conséquence, le 20 juin 1808, après avoir forcé le défilé de Saint-Pol, une partie de l'armée de Catalogne, qui alors portait encore le nom de « corps d'armée des Pyrénées-Orientales », arrive devant Girone. Une attaque de vive force est repoussée avec des pertes sérieuses, et le général Duhesme se replie sur Barcelone.

C'était au moment où Dupont capitulait à Baylen; l'enthousiasme des Espagnols était porté au comble par ce terrible échec des armes françaises; plus que jamais il devenait nécessaire de prendre Girone. Le 24 juillet, la ville est investie, de nouveau, par les troupes du général Duhesme, venues de Barcelone, et par celles du général Reille, arrivant de Figuères; mais la brusque apparition du général d'El Palacio oblige les forces impériales à lever le siége.

Telle était la situation quand le général Gouvion Saint-Cyr vient prendre le commandement de l'armée des Pyrénées-Orientales, qui devient alors le 5e corps, et, plus tard, le 7e corps de la Grande-Armée (août 1808). Renforcé des divisions Souham et Pino (1), il commence par assiéger

(1) Division composée de troupes italiennes.

Rosas, dont il s'empare (6 décembre 1808); puis, se rabat-
tant sur les forces espagnoles, qui, pendant son absence,
s'étaient rapprochées de Barcelone, il les bat successivement à Cardedeu (17 décembre) et à Molins del Rey (21 décembre), et les poursuit jusqu'à Tarragone.

Le 10 janvier 1809, la division Chabran se porte sur
Bruch, situé au pied du Montserrat, position très-forte devant laquelle nos troupes avaient échoué deux fois. Les
Espagnols, enivrés de ces succès, dus surtout à la difficulté
du pays, y avaient érigé une colonne portant cette in-
scription :

> *Voyageurs qui passez ici,*
> *le Français y a paru, et, quoique victorieux partout,*
> *il n'a pu forcer ce passage.*
> *Les vainqueurs de Marengo, d'Austerlitz et d'Iéna*
> *ont été vaincus les 6 et 14 juin 1808.*

Mais, cette fois, la position est lestement enlevée; deux
bataillons s'emparent même du couvent de Montserrat;
puis, la colonne regagne Barcelone.

Les mois de février et de mars s'écoulent dans des opérations qui n'ont qu'un rapport indirect avec notre récit,
et, dans le courant d'avril, nous retrouvons le 7ᵉ corps
établi devant Girone.

Le siége s'annonçait avec les plus grandes difficultés. Les
troupes faisaient défaut; on ne cessait de demander des
renforts, et nous arrivons au moment où les contingents de
la Confédération vont paraître, à leur tour, en Catalogne.

Des démarches dans ce sens avaient déjà été entamées

ENVIRONS DE GIRONE

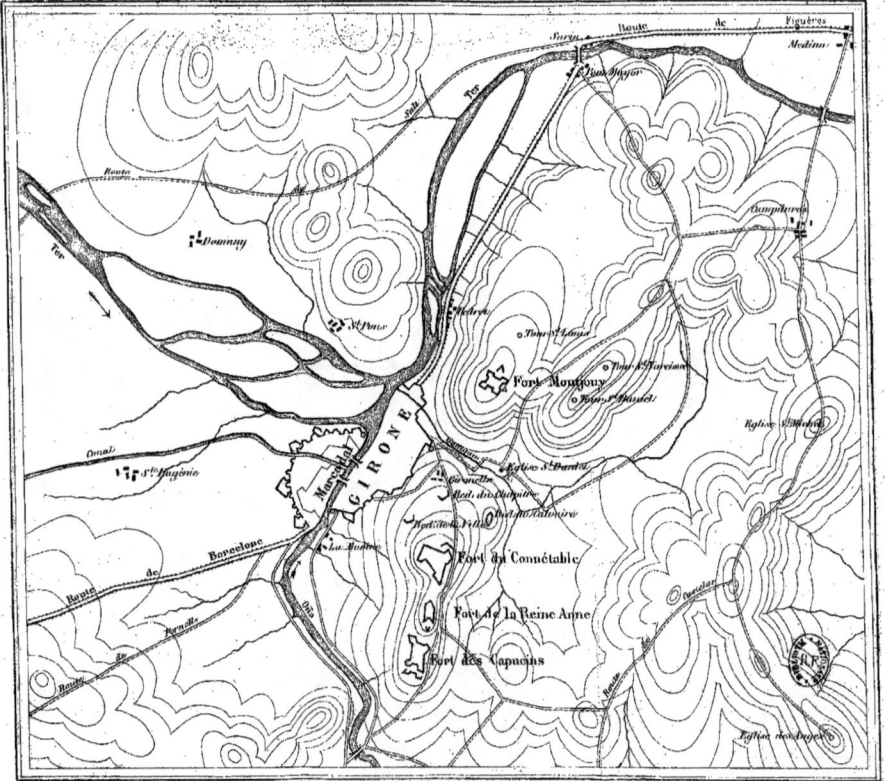

depuis la fin de 1808 (1). Une division westphalienne avait
été mise en route pour l'Espagne ; d'autres corps allemands
la suivaient (2).

Avant d'entreprendre la relation du siége, disons, en
quelques mots, quelle était la situation de la ville : Girone
(voy. le plan) est située sur la rive droite du Ter, à cheval
sur la route de France à Barcelone, à 20 lieues de cette
place et à 10 de la frontière. Elle est divisée, par la petite
rivière de l'Oña, en deux parties : la ville proprement
dite ou ville haute, et le Marcadal ou ville basse. La ville
haute, qui borde la rive droite de l'Oña jusqu'à son embouchure dans le Ter, n'était fermée que par une ancienne
muraille flanquée de tours ; mais l'approche en était défendue par plusieurs forts ou redoutes, savoir : sur la mon-

(1) *Dépêche de l'Empereur au roi de Westphalie* (Burgos, 19 novembre
1808). — « Mon frère, j'accepte votre division d'infanterie, si ces troupes
viennent *volontairement*. Il faut qu'elles soient munies d'une capote, de
deux paires de souliers dans le sac, et qu'elles soient en bon état ; que les
compagnies soient de 140 hommes et les bataillons de 6 compagnies, ce qui
fait 840 hommes par bataillon. Il faut que les régiments de cavalerie soient
de 3 escadrons de 250 hommes chacun, et que le 4ᵉ escadron reste en Westphalie pour recruter les trois premiers. Il est nécessaire également que les
régiments d'infanterie laissent un bataillon en Westphalie pour recruter et
tenir au complet les bataillons de guerre ; mais il ne faut faire cela qu'autant
que vos soldats viendront *volontairement*, et ne les faire partir qu'avec de
bonnes capotes. Il faut aussi qu'ils soient commandés par un homme ferme ;
le régiment de chevau-légers a donné lieu à beaucoup de plaintes sur sa
route. »

(2) *Dépêche de l'Empereur au prince de Neufchâtel, major général* (Valladolid, 11 janvier 1809). — « Mon cousin, faites connaître au général Saint-
Cyr que deux régiments du grand-duché de Berg, un régiment de Wurtzbourg
et un bataillon des contingents des petites Principautés, formant près de
6000 hommes, se rendent à Perpignan, sous les ordres d'un général de brigade. Ce corps renforcera le général Reille et le mettra à même d'assiéger
Girone. Je désire que le siége soit commencé vers le 15 février. »

tagne de l'est, les forts des Capucins, de la Reine-Anne, du Connétable, du Calvaire, et les deux redoutes de la Ville et du Chapitre ; sur la montagne de Montjouy, qui est au nord, le fort de Montjouy et le fort ou redoute Saint-Jean. Le Marcadal avait une enceinte terrassée bastionnée, mais sans demi-lune, chemin couvert ou contrescarpe revêtue.

Le gouverneur de la place était don Mariano Alvarez ; la garnison se composait de 3000 hommes de troupes de ligne et de 3000 hommes de milices. 180 pièces étaient en batterie sur le corps de place ou dans les ouvrages extérieurs. Il y avait des vivres pour quatre mois et des munitions pour huit.

Dans les premiers jours d'avril 1809, le 7e corps avait été renforcé : de la brigade Guillot (5 bataillons français, 1 bataillon valaisan), formant environ 4600 hommes ; — de la brigade Amey, comprenant les 1er et 2e régiments de Berg (environ 3000 hommes), un régiment de Wurtzbourg (1500), et le bataillon des Princes (au plus 840 hommes) (1).

La division westphalienne, acceptée par l'Empereur, s'acheminait également vers l'Espagne (2). Elle arrive à

---

(1) Commandé par le colonel de Brockenburg, de Schwarzbourg-Rudolstadt, et composé de :

    1 compagnie de Schwarzbourg-Rudolstadt.
    1   —   Schwarzbourg-Sondershausen.
    1   —   Lippe-Detmold.
    1   —   Schaumbourg-Lippe.
    1   —   Waldeck.
    1   —   Reuss.

(2) Elle était sous les ordres du général Morio, et se composait :

    des 2e, 3e et 4e régiments d'infanterie de ligne,
    du 1er bataillon d'infanterie légère,
    de 2 batteries.

Le tout formait un total d'environ 6000 hommes.

Perpignan le **30** avril et le **1er** mai; puis, tandis que les dépôts sont dirigés sur Carcassonne, les bataillons de guerre
entrent en Catalogne, le **2** et le **3** mai, et vont s'établir sur
la rive gauche du Ter et à Pont-Mayor. En même temps
les brigades Guillot et Amey, en position sur la Fluvia, se
portent également en avant, pour venir renforcer les troupes
chargées, sous le général Reille, de couvrir le siége.

Les opérations venaient, en effet, de commencer. Le 7 et
le 8 mai, l'assiégé tente des sorties; c'était le baptême du
feu pour une partie des troupes allemandes, et leur attitude dans ce premier engagement semblait d'un bon augure au général Reille (1). A la suite de cette infructueuse
sortie, l'investissement est complété; cependant, différents
points situés sur le Bas-Ter servaient de centre de ralliement aux troupes ainsi qu'aux paysans espagnols, et menaçaient la route; le colonel de Brockenburg est chargé d'exécuter une reconnaissance dans cette direction. Prenant
avec lui le bataillon des Princes, moins la compagnie de
Waldeck, il enlève d'assaut le village de Gualter, près de
l'embouchure du Ter. Cette affaire, dans laquelle le bataillon n'avait que 11 blessés, coûtait à l'ennemi plus de
100 morts et 1 canon.

Le 11 mai, le général Verdier, ancien aide de camp d'Augereau, vient prendre le commandement du corps de siége,
en remplacement du général Reille. Malgré les qualités
dont elles avaient donné des preuves dans les journées du
7 et du 8, les troupes allemandes, et notamment les contingents westphaliens, avaient peine à s'accoutumer à leur
nouveau genre de vie. Pendant que, dans le centre de la

(1) Le bataillon d'infanterie légère et un bataillon du 3e régiment d'infanterie de ligne de Westphalie, composés presque entièrement de jeunes gens,
ont montré l'envie de bien faire. (*Rapport du général Reille au ministre.*)

Péninsule, les régiments de la Confédération du Rhin riva-
lisaient avec les vieilles troupes impériales, en Catalogne
ils se laissaient aller au découragement. Dès le 18 mai, le
général Verdier écrivait au ministre de la guerre : « Les
troupes allemandes commencent à déserter à l'ennemi, surtout les Westphaliens. Les Espagnols font, d'ailleurs, tous
leurs efforts pour les y pousser; des proclamations, rédi-
gées en espagnol, en français, en latin, en allemand et en
italien, sont répandues à profusion, invitant les soldats
étrangers à déserter avec armes et bagages, soit pour
prendre du service en Espagne, moyennant une forte
prime, soit pour être ramenés dans leur patrie s'ils le pré-
fèrent. Le général Morio, qui se montre très-affecté de cet
état de choses, croit devoir l'attribuer au besoin qu'ont les
Allemands d'une nourriture plus abondante que les Français. »

Le 24 mai, nouvelle dépêche du général Verdier : « Les
Westphaliens sont informés par leurs lettres et par les Espagnols des désordres qui ont eu lieu dans leur pays (1).
L'ennemi ne cesse de leur faire offrir par toutes les voies
possibles et même par les femmes et par les prêtres, de les
ramener dans leur patrie. Depuis quelques jours, la désertion s'est mise dans cette troupe, qui passe aux Espagnols,
en plein jour, par détachements de 20, 30, 40 hommes,
abandonnant, avec armes et bagages, les postes qui leur
sont confiés. En moins de huit jours, la division westphalienne a perdu ainsi plus de 200 hommes. Dans ce nombre
se trouvent des officiers, des sous-officiers et tout ce qu'il
y a de mieux en hommes dans ces corps. Le reste des
troupes allemandes se montre, jusqu'à présent, fort tranquille. »

(1) L'expédition du duc de Brunswick et du major Schill.

Cependant, cet état de choses ne tardait pas à s'amé-
liorer ; le 29 mai, l'investissement de la place assiégée était
complet et la désertion des troupes westphaliennes avait
entièrement cessé. 18 000 hommes, sous les ordres de Verdier, formaient le corps de siége proprement dit ; un corps
d'observation de 12 000 hommes, commandé par Gouvion
Saint-Cyr et ensuite par Augereau, était en position à Vich
pour couvrir les opérations. Du côté des Espagnols, Blake
avait remplacé Reding à la tête des troupes de Catalogne,
d'Aragon et de Valence. La guerre d'Autriche, en appelant
en Allemagne la masse principale des forces françaises,
avait ranimé l'espoir de la junte centrale, qui se préparait
à continuer la lutte avec un redoublement de vigueur.

Telle était la situation au moment où commencent définitivement les opérations du siége. Après une sommation
demeurée sans réponse, le général Verdier fait enlever,
le 19 et le 21 juin, trois redoutes maçonnées qui couvraient
le Montjouy. Cette attaque était principalement confiée aux
régiments de Berg et de Wurtzbourg, qui s'emparaient
des ouvrages en question sans éprouver grande résistance.
L'assiégeant établit alors, contre le Montjouy, une batterie
de 25 pièces dite « l'Impériale », et, le 3 juillet, la brèche
se trouve praticable. Le 8, c'est-à-dire après quatre jours
d'attente, que les Espagnols avaient employés à se fortifier
en arrière de la brèche, le général Verdier tente l'assaut
avec toutes les compagnies d'élite (3500 hommes) françaises, westphaliennes de Berg et de Wurtzbourg. Pendant
une heure, ces troupes se maintiennent sur les ouvrages ;
mais, écrasées par un feu terrible, elles sont enfin con-
traintes de battre en retraite, avec une perte de 1600 à
2000 hommes (1).

(1) Dont 78 tués et 439 blessés pour les troupes allemandes. Le général

Le 2 août, quatre compagnies d'élite des régiments de
Wurtzbourg et de Berg s'emparent du couvent de Saint-
Daniel, menaçant ainsi de couper les communications de
Montjouy avec la ville; le 4, les compagnies d'élite du 2e
et du 56e de ligne enlèvent la demi-lune du Montjouy, et
le 11, dans la soirée, une nouvelle brèche étant praticable,
on se disposait à tenter l'assaut, quand les Espagnols,
convaincus de l'inutilité d'une plus longue résistance, évacuent le fort et le font sauter.

Les maladies, les fatigues, le manque d'eau potable,
avaient cruellement éprouvé le corps de siége et surtout
les troupes allemandes (1). Les mêmes fléaux sévissaient
dans la place, et, sur les ordres pressants de la Junte, les
généraux espagnols se décident à tenter un vigoureux effort
en faveur de Girone. Le 30 août, les divisions Souham et
Pino sont sérieusement attaquées; après une lutte de huit
heures, elles se maintiennent cependant dans leur position

Verdier avait demandé au colonel Blas das Furnas, commandant du fort, d'enlever les nombreux blessés laissés dans les fossés; ce dernier faisait répondre
que des mesures étaient prises pour que, dans un quart d'heure, ils eussent
cessé de vivre. Quelques instants plus tard, comme par un juste châtiment de
cette cruauté gratuite, la tour Saint-Jean sautait, ensevelissant sous ses ruines
une partie de la garnison espagnole.

(1) La situation d'effectif de ces troupes était la suivante :

1re division du corps de siége : général VERDIER.

Brigade allemande : général AMEY.

	Présents.	Malades.	Total.
Rég. de Wurtzbourg (colonel Gebsattel).	825	485	1360
1er rég. de Berg (colonel Mouff)......	1012	382	1414
2e rég. de Berg (colonel de Kladt)....	1024	345	1373
Bat. des Princes (maj. de Brockenburg)	504	272	776
Total.......	3365	1454	4913

de Brunola. Le 1er septembre, le combat reprend avec une
nouvelle intensité; la division Souham était sur la rive
gauche de l'Oña, la gauche à Hostalnou; la division Pino,
la droite à la route de Barcelone, la gauche s'étendant vers
l'Oña. Les troupes du général Verdier, qui paraissaient
inutiles aux opérations du siége, formaient réserve; la
faible division Lecchi (italienne) occupait Salt, et les Westphaliens restaient dans leur camp de Saint-Pons, avec ordre
de se réunir à Saria, en cas d'attaque sur ce point qui couvrait tous nos établissements de siége. L'ensemble de ces
troupes ne s'élevait pas à plus de 12 000 hommes.

Tandis que deux divisions ennemies font des démonstrations sur le front, Claros attaque les avant-postes westphaliens à Saria; la position, d'abord enlevée, est bientôt re-
prise. L'action s'étendait de ce point vers Montagut et le
« mamelon vert », sur lequel une batterie de brèche avait
été construite. Malgré une défense énergique, dans laquelle
périt le général Hadeln, les Westphaliens sont délogés et

3e division (westphalienne) :
    général MORIO.

1re brigade, comm. général HADELN :			
2e régiment de ligne..............	407	839	1248
4e régiment de ligne..............	681	703	1399
2e brigade, comm. général de OCHS :			
3e régiment de ligne..............	707	684	1291
1er bataillon d'infanterie légère (*)....	341	150	508
Total........	2236	2376	4446
Total général.......	5601	3830	9359

(*) Ce bataillon, créé par décret impérial du 3 janvier 1809, se recrutait
par voie d'engagements volontaires parmi les étrangers. Il avait conservé
l'uniforme des troupes westphaliennes; mais il était traité, sous le rapport de
la solde et des prestations, comme les troupes françaises. Il était formé à
6 compagnies; son dépôt occupait Wissembourg.

perdent également leur camp et les pièces de la batterie de
siége; mais Saria, que défendait le général de Ochs, ne
peut être forcé. Pendant ce temps, O'Donnel et Blake sur-
prenaient les 7 bataillons de la division Lecchi et les reje-
taient en désordre sur Fornells; le général Garcia Conde,
mettant cette circonstance à profit, passait le Ter et réussissait à pénétrer dans Girone avec 3000 hommes et
1500 mulets chargés, pendant que les assiégés, faisant une
sortie, reprenaient les couvents de Saint-Daniel et des
Saints-Anges et y évacuaient une partie de leurs blessés.

Après ce succès relatif, les troupes espagnoles s'éloignent
un peu et les travaux de siége reprennent leur cours; mais
les troupes étaient épuisées, les munitions faisaient défaut
et les assiégés tiraient parti de cette inaction forcée pour
augmenter leurs moyens de défense.

Le 4 septembre, le général Verdier fait réoccuper le couvent de Saint-Daniel; le 6, la brigade Mazuchelli enlève
d'assaut le couvent et la chapelle des Anges; la garnison
est passée au fil de l'épée (1).

Les munitions étant enfin arrivées, le 13, à cinq heures
du matin, les batteries du Montjouy recommencent le feu.
Au bout de quatre jours, les brèches paraissant praticables, l'assaut est décidé pour le 19. Les troupes s'élancent
bravement; accueillies par un feu terrible, elles tentent
vainement, à trois reprises, d'escalader les brèches; re-
poussées, elles se retirent avec des pertes considérables (2).
Les munitions manquaient de nouveau; on se décide donc
à reprendre le blocus et à attendre que la ville, décimée

(1) Les troupes italiennes, exaspérées par les nombreux assassinats dont
elles étaient victimes, montraient un acharnement extraordinaire et ne faisaient plus de quartier.

(2) La division westphalienne ne fut pas engagée. Les pertes de la brigade
allemande Amey étaient de 12 tués et 191 blessés.

par la fièvre et par la famine, en soit réduite à ouvrir ses portes.

Cependant Blake ne cessait de manœuvrer autour de la place, faisant toujours mine d'attaquer. Le 25, en effet, un convoi, fortement escorté, se dirige sur Girone ; pris en flanc et en queue par les troupes italiennes et par le 67ᵉ, il est capturé et 3000 hommes seulement, avec le brigadier O'Donnel, parviennent à se réfugier dans les forts du Connétable et de la Reine-Anne. Blake, demeuré avec le gros de ses forces sur les hauteurs de San-Sadorni, ne tente rien pour sauver le convoi, et, voyant sa gauche menacée, il se retire sur San-Feliu de Guixols, abandonnant définitivement la ville à son sort.

Dans la nuit du 11 ou 12 octobre, Augereau arrive devant la place et prend la direction supérieure des opérations, en remplacement de Gouvion Saint-Cyr. Avec lui, des troupes fraîches, des approvisionnements, des moyens de transport sont envoyés à l'armée de Catalogne, et dès lors les travaux deviennent plus faciles (1). Blake, battu de nouveau, le 29 octobre, sur les hauteurs de Brunola, se replie sur Vich. Le 8 novembre, la division Pino se porte sur Hostalrich, dont elle s'empare. — Dans la nuit du 7 décembre, les troupes de Berg et de Wurtzbourg investissent la redoute du Chapitre et le fort du Calvaire, tandis qu'une autre partie du régiment de Wurtzbourg enlève Gironelle ; dans la journée du 7, le colonel Geither, du régiment de Berg, profitant du moment où l'assiégé tentait une sortie, s'empare de ces deux ouvrages (2).

(1) Les maladies continuaient à sévir cruellement sur la division westphalienne, et le général Morio demandait vainement qu'elle fût envoyée à Carcassonne, où étaient ses dépôts, pour se refaire. Sur un effectif primitif de 6490 hommes, il ne restait plus sous les armes que 853 hommes.

(2) « A l'enlèvement de Gironelle, du faubourg de la Marine, des redoutes

10

Réduite aux dernières extrémités, la ville ouvre enfin ses portes (11 décembre). 2300 soldats, 1900 Catalans sans uniforme sortent de la place, déposent leurs armes et sont dirigés sur la France. — Ainsi se terminait ce siége mémorable qui s'était prolongé pendant sept mois, avec un acharnement sans égal, tant dans la défense que dans l'attaque. Toutes les troupes allemandes du corps de siége entrent aussitôt dans Girone et vont s'établir dans les couvents et dans les divers ouvrages.

Les derniers jours de la campagne de 1809 n'offrent plus aucun fait saillant dans lequel les contingents de la Confédération aient été appelés à jouer un rôle. Pendant que les troupes de siége, devenues disponibles par la chute de la place, parcourent la Catalogne et réduisent les principaux centres d'insurrection, ces contingents demeurent, en majeure partie, à la garde de Girone, en attendant le moment où les opérations allaient reprendre avec un redoublement de vigueur.

En effet, la guerre d'Autriche venait de finir; le traité de Vienne avait été signé le 14 octobre 1809, et, dès le courant du mois, Napoléon, décidé à en finir avec l'Espagne, faisait connaître aux princes de la Confédération son intention d'appeler en Catalogne les 4 régiments qui formaient la division Rouyer (3e division de la Confédération du Rhin), savoir :

1er régiment de Nassau (3e de la 3e division), comprenant les contingents des duc et prince de Nassau-Usingen

du Chapitre, de la Ville et du Calvaire, les troupes françaises, les troupes italiennes de la division Pino et la brigade allemande sous les ordres du général Amey se sont couvertes de gloire. » (*Rapport du maréchal duc de Castiglione*, Girone, 14 décembre 1809.)

et Nassau-Weilburg, des princes de Hohenzollern, Salm, Aremberg, Ysembourg, Lichtenstein et La Leyen.

4e régiment de la 3e division. — Contingents des Maisons ducales de Saxe (1).

5e régiment de la 3e division. — Contingents des Maisons d'Anhalt et de Lippe (2).

6e régiment de la 3e division. — Contingents des princes de Schwarzbourg, de Waldeck et de Reuss (3).

Ces quatre régiments avaient pris une part active à la campagne de 1809 en Allemagne, notamment dans le Tyrol, où ils avaient beaucoup souffert. A peine reformés et encore fort incomplets, ils passent le Rhin dans la seconde quinzaine de janvier 1810 pour gagner, par une marche de quarante-quatre jours et par un très-mauvais temps, les environs de Perpignan (4).

Ainsi que nous l'avons constaté déjà pour les contingents de Baden, de Hesse et de Francfort, ce n'était qu'avec un sentiment de profonde tristesse que ces troupes, qui sortaient à peine d'une rude campagne, entreprenaient cette

(1) Weimar, Cobourg, Gotha, Meiningen, Altenbourg, Hildburghausen. Ce régiment était à 3 bataillons, dont 2 de mousquetaires et 1 de fusiliers.

(2) 1er bataillon : Anhalt. — 2e bataillon : Lippe.

(3) 1er bataillon : Schwarzbourg-Rudolstadt et Sondershausen. — 2e bataillon : Waldeck et Reuss.

(4) Dans les deux nuits qui précédèrent le passage du Rhin (16-18 janvier), le 4e régiment perdit, à lui seul, 200 hommes. En comptant les effectifs au chiffre réglementaire de 140 hommes par compagnie, il manquait :

Aux contingents de Saxe.................... 520 hommes.
—   Schwarzbourg............ 124
—   Waldeck................ 53
—   Reuss.................. 85

Des invitations pressantes furent adressées aux princes de la Confédération pour les engager à compléter promptement leurs effectifs.

longue migration. Aussi, les désertions étaient-elles nombreuses et les effectifs fort incomplets. Malgré ces conditions défavorables, nous allons voir ces corps, instruments dociles d'une politique infatigable, combattre bravement les insurgés catalans comme ils avaient lutté, quelques mois auparavant, contre les montagnards tyroliens.

CAMPAGNE DE 1810.

—

Sommaire de la campagne.

Situation des troupes allemandes au commencement de 1810. — Affaire de la brigade de Berg à Besalu. — Arrivée de la division Rouyer. — Convoi sur Barcelone. — Expédition du général Schwarz sur Manresa. — Retour sur Girone. — Tableau des renforts envoyés aux contingents de la Confédération en 1810. — Licenciement du bataillon des Princes. — Réduction des régiments de la division westphalienne à un bataillon. — Le maréchal Macdonald remplace le maréchal Augereau. — Réorganisation de l'armée de Catalogne; réunion en un seul des deux régiments du grand-duché de Berg. — Convois sur Barcelone. — Division de l'armée de Catalogne en armée active et en troupes de garnison; toutes les troupes de la Confédération, moins le régiment de Berg, passent dans cette seconde catégorie. — Macdonald se porte sur Lerida. — La 2e brigade allemande va occuper la côte. — Prise de la Bisbal, Palamos, San-Feliu, Calonge, Tornell, Bagur, et capitulation de cette brigade, commandée par le général Schwarz. — Affaiblissement énorme des corps allemands. — Retour de Macdonald sur Girone, et nouveau convoi sur Barcelone. — Fin de la campagne de 1810.

La situation de Barcelone, bloquée à la fois par les troupes espagnoles et par les croisières anglaises, était toujours fort précaire. Les premiers mois de 1810 sont consacrés principalement à ravitailler la ville, où les vivres devenaient rares, et à poursuivre le siége d'Hostalrich, la seconde des places qui, avec Girone, commandaient la route de France.

Tandis que ces opérations se continuaient avec des alternatives de succès et de revers, les troupes allemandes, maintenant comprises en totalité dans la division Verdier, occupaient toujours, en majeure partie, Girone et ses abords (1). Les contingents de Berg, détachés à Besalu, sous le commandement du colonel-brigadier Geither, s'y maintenaient vigoureusement et infligeaient parfois des échecs sérieux à l'ennemi. C'est ainsi que, le 20 février, attaqués par des forces régulières bien supérieures, ces deux régiments les repoussent d'abord, puis les poursuivent

---

(1) La division Verdier comprenait alors :

> 1 brigade française,
> 1 brigade napolitaine,
> 1 brigade allemande,
> 2 brigade westphalienne.

La situation d'effectif et l'emplacement de ces deux dernières brigades étaient les suivants :

Brigade allemande : général GUILLOT.

	Présents.	Emplacement.
Régiment de Wurtzbourg...........	540	Bascara-Figuères.
1er régiment de Berg..............	577	Besalu.
2e régiment de Berg..............	594	Besalu.
Bataillon des Princes..............	104	Campduras.
Total........	1809	

Brigade westphalienne : général MORIO.

	Présents.	Emplacement.
2e régiment westphalien............	233	Girone.
3e — —	307	—
4e — —	243	—
Bataillon d'infanterie légère.........	194	—
Artillerie westphalienne............	49	—
Total........	984	

L'effectif total sur le papier était, pour ces deux brigades, de 8500 hommes.

jusqu'à Olot. Cette affaire, « qui fait honneur aux troupes de Berg », leur coûtait environ 40 hommes hors de combat.

Cependant les quatre régiments de la division Rouyer, contrariés par le mauvais temps et retardés par les débordements du Rhône, s'acheminaient sur Perpignan, où ils arrivaient, savoir :

Le régiment de Nassau (3ᵉ) (1522 hommes), le 5 mars.
Le régiment n° 5 (1380 hommes), le 6 mars.
Le régiment n° 6 (1020 hommes), le 8 —
Le régiment n° 4 (1100 hommes), le 9 —

Le 13 mars, la division se trouvait entièrement réunie à Girone ; le maréchal Augereau la passait en revue (1), et, dès le lendemain, il se mettait en marche sur Barcelone, avec les divisions Souham et Rouyer, une partie de la divi-

(1) La composition de la division était alors la suivante :

3ᵉ division de la Confédération du Rhin : général ROUYER.

1ʳᵉ brigade : général SCHWARZ (Français).

	Présents.	Aux hôpitaux.	Total.
1ᵉʳ rég. de Nassau (n° 3) (colonel de Pollnitz)..	1494	229	1713
4ᵉ régiment de Saxe (colonel d'Eglofstein)....	929	177	1106

2ᵉ brigade : colonel DE CHAMBAUD (d'Anhalt).

5ᵉ rég. (Anhalt et Lippe) col. de Chambaud....	1258	204	1470
6ᵉ régim. (Schwarzbourg, Reuss, Waldeck) colonel de Heeringen.	876	28	906
Total........	4557	635	5205

(Le 1ᵉʳ régiment (Wurtzbourg) et le 2ᵉ (2ᵉ de Nassau) se trouvaient déjà en Espagne depuis la fin de 1808 ; l'un à la brigade Amey, l'autre à la division Leval.)

L'envoi de ces troupes en Espagne avait été consenti par les princes confédérés à la condition qu'elles conserveraient leur organisation, qu'elles jouiraient de la solde, des prestations et des pensions attribuées aux corps français, et que de nouveaux contingents ne seraient plus demandés. L'Empereur

sion Verdier, 500 cavaliers, 4 batteries et un convoi de
1000 voitures destiné à ravitailler la place. Le 16, toute la
colonne atteignait Barcelone; cette marche n'avait été qu'un
long combat; le convoi, attaqué à plusieurs reprises dans
les gorges étroites et sauvages qu'il traversait, avait été
pillé en partie par les miquelets, et la division Rouyer, spécialement chargée de le couvrir, s'était chaudement engagée. Le régiment de Saxe, le bataillon d'Anhalt et une
partie du régiment de Nassau avaient notamment éprouvé,
dans ce début de leur campagne en Catalogne, des pertes
assez sérieuses.

Le printemps était dans toute sa splendeur; les riches
campagnes de la banlieue de Barcelone offraient aux troupes un bien-être d'autant plus précieux qu'elles venaient
de traverser, au milieu de populations soulevées, un pays
aride et sans ressources. Toutefois ce repos ne devait pas

avait souscrit à ces conditions. (*Dépêche du major général au ministre de la
guerre*, 18 octobre 1809.)

Il ne sera pas sans intérêt d'indiquer, à titre de renseignements, l'uniforme de ces troupes:

Nassau. — Habit vert clair, passepoils jaunes, collet noir; pantalon gris;
casquette; buffleteries jaunes.

Saxe-Weimar. — Habit et pantalon verts; chapeau à la prussienne; buffleteries noires.

Saxe-Gotha. — Habit et pantalon bleus; retroussis rouges; schako; buffleteries blanches.

Anhalt. — Habit vert; pantalon gris collant; schako avec agréments
blancs; buffleteries noires.

Lippe. — Habit blanc passepoilé de bleu clair; pantalon gris; schako;
buffleteries noires.

Schwarzbourg. — Habit vert avec passepoils et retroussis rouges; pantalon gris; schako; buffleteries noires.

Waldeck et Reuss. — Habit blanc à collet et retroussis bleus; pantalon
gris; schako; buffleteries noires. (*Campagne du bataillon d'Anhalt en Espagne, dans l'année* 1810, par Zeidler.)

être de longue durée. Conformément aux ordres de l'Empereur, qui prescrivaient de pousser jusqu'à l'Ebre, les deux divisions Souham et Severoli (italienne) quittent Barcelone dès le 20, et vont occuper Reuss et Valls, afin de surveiller Tarragone et de chercher à donner la main au 3ᵉ corps, pour l'aider dans le siége de Lerida.

Le même jour, une partie des troupes allemandes entreprenait sur Manresa une expédition qui forme un des événements saillants du séjour de ces contingents en Catalogne. Il est donc nécessaire qu'à ce titre nous la suivions avec plus de détails.

Manresa, petite ville manufacturière de 8 à 10 000 habitants, est située à dix-huit lieues de Barcelone, derrière le Montserrat, près du confluent du Cardoner et du Llobregat; c'était un nœud de routes fort considérable qui, depuis le début de la guerre, servait de résidence à la junte insurrectionnelle et de centre de ralliement aux insurgés. Son occupation avait d'autant plus d'importance qu'on reliait en même temps la division Souham au 3ᵉ corps (Suchet), qui opérait sur l'Ebre. Le commandement de cette opération fut confié au général Schwarz, qui prenait avec lui le régiment de Nassau (2 bataillons — 1 600 hommes) et un bataillon mixte du 4ᵉ régiment, sous les ordres du major Knauth, composé de 3 compagnies de Gotha, 3 de Weimar, 1 de Cobourg et 1 d'Hildburghausen (600-700 hommes). Le maréchal Augereau demeurait à Barcelone avec une partie des divisions Souham et Verdier, les 5ᵉ et 6ᵉ régiments de la division Rouyer et le reste du 4ᵉ régiment.

Le 20 mars au matin, la petite colonne expéditionnaire, forte de 2200 hommes, avec 6 cuirassiers français, se met en marche, sans artillerie ni voitures, et va bivouaquer à une lieue au delà d'Esparaguera. Le 21, le mouvement continue; la colonne dépasse Bruch et s'engage dans les étroits défilés situés entre ce village et la Guardia, flanquée à droite par les voltigeurs de Nassau et une compagnie de Weimar, à gauche par deux compagnies de Weimar et d'Hildburghausen. A mesure que l'on avançait, on entendait le tocsin annonçant l'approche de l'ennemi; le nombre des guérillas croissait d'instant en instant et la fusillade devenait de plus en plus vive. Après un combat incessant et une marche de dix heures, la colonne arrive, dans l'après-midi, à Manresa, que les habitants avaient complétement abandonnée. Le 1ᵉʳ bataillon de Nassau s'établit à l'est de la ville; le 2ᵉ au nord, à proximité d'un petit village; le bataillon de Saxe prend position à l'ouest, au pont du Cardoner, situé sur la route de Castelfollit; 300 hommes occupent la ville.

Nous avons dit quelle était l'importance de Manresa; aussi, à peine postés, les contingents allemands sont-ils entourés d'une nuée de guérillas. Dans la matinée du 22, la fusillade devient tellement vive, que le général Schwarz prend le parti de concentrer ses forces dans la ville même; l'ennemi les suit vivement jusqu'aux maisons; mais il est alors obligé de rétrograder devant un feu meurtrier.

Le 23 et le 24, durant tout le jour, les Catalans renouvellent, sans succès, leurs attaques; leurs efforts se portaient surtout contre une hauteur que couronnait une chapelle et de laquelle on plongeait sur la ville. Une compagnie de Gotha défendait cette position; elle était sur le point de céder au nombre quand une compagnie de Weimar vient la renforcer. Abritées derrière un petit épaulement construit à la hâte, ces troupes parviennent à se maintenir.

L'ennemi, jugeant la situation de la garnison désespérée,

fait faire au général Schwarz des offres de capitulation ;
celui-ci les repousse, disant « qu'il ne traitait pas avec des
brigands ». Cependant la position était grave ; le manque
d'artillerie se faisait vivement sentir ; les vivres et les munitions allaient manquer à la fois. Jour et nuit, on travail-
lait à fondre des balles et à fabriquer des cartouches, mais
chaque heure diminuait l'espoir de voir des renforts arriver
encore en temps utile.

Le 25 enfin, le général est informé par un espion qu'un
convoi est parti la veille de Barcelone, sous l'escorte d'un
bataillon italien et de deux pièces. Huit compagnies de Nassau sont désignées pour aller au-devant de ce secours
inespéré : s'ouvrant un passage au milieu des paysans insurgés qui couvraient les montagnes, elles poussent jusqu'à trois lieues de la ville et rencontrent enfin le convoi,
que l'ennemi serrait de près. Après une marche qui ne fut
qu'un long combat, toute la colonne entrait dans Manresa ;
deux des cinq voitures de munitions étaient restées au pouvoir des Espagnols. L'assiégeant avait également profité de
cette diminution momentanée de la garnison pour diriger
une attaque furieuse, mais sans résultat, contre la hauteur
du couvent.

Dans la nuit du 26 au 27 mars, le bataillon italien se
remet en marche, avec ses deux bouches à feu, pour regagner Barcelone. Le major Knauth, avec un faible bataillon
de Saxe, est chargé de l'escorter jusqu'au delà des passes
du Montserrat. Le mouvement s'effectue sans être trop inquiété, et, à six heures du matin, après un repos de quelques instants, les deux troupes se séparent. Il faisait grand
jour alors ; les Espagnols pouvaient apprécier la faiblesse
du bataillon allemand ; aussi, à peine avait-il commencé à
rétrograder sur Manresa, qu'il est assailli de tous côtés.

Couvert par de nombreux tirailleurs et soutenu en arrière par une compagnie de Weimar, le bataillon s'avance jusqu'à un ruisseau gonflé par les pluies, non loin de Salellas. Les Catalans, fort nombreux et favorisés par le terrain, paraissaient disposés à disputer le passage ; le major Knauth, déployant tout son monde en tirailleurs, se lance vigoureusement en avant, repousse tout ce qu'il a devant lui et atteint enfin la forêt qui précède Manresa. Reformant alors sa troupe, il vient s'établir dans les épaulements construits sur les hauteurs qui dominaient la ville ; il y tient jusqu'à huit heures du soir et, profitant de la nuit, il rentre alors dans Manresa (1).

Dans les journées suivantes, les conditions de la défense deviennent de plus en plus difficiles. Les Espagnols comptaient au moins 5000 hommes. Chaque nuit amenait de nouvelles attaques, que la vigilance de la garnison faisait toujours échouer. En même temps, des émissaires cherchaient en vain, par tous moyens, à pousser les troupes à la désertion en masse.

Le 3 avril, de nouveaux renforts arrivent devant Manresa : c'était une division, composée en grande partie de miquelets, sous les ordres du docteur en théologie Rovira. Sommé encore une fois de capituler, le général Schwarz persiste dans son refus, d'autant plus qu'il venait d'être avisé qu'un nouveau convoi de munitions avait quitté Barcelone le 2, et devait lui arriver le 3 ou le 4 au plus tard. Tandis que la garnison exécute une sortie générale pour occuper l'ennemi, 2 compagnies de Saxe et 2 compagnies de Nassau en profitent pour s'ouvrir un passage et aller

(1) Les pertes du bataillon, dans cette journée, furent de 4 morts et 18 blessés.

au-devant du secours attendu. Vers midi, ne voyant rien, elles reviennent après avoir perdu quelques hommes.

Ce retard faisait évanouir tout espoir de pouvoir se maintenir encore à Manresa. Les munitions devenaient de plus en plus rares; les vivres, c'est-à-dire du pain, de l'huile et quelques légumes, tiraient à leur fin; les troupes, constamment sous les armes, étaient épuisées.

Le 4, le général fait un ordre du jour, qui est lu à trois appels consécutifs, pour féliciter la brigade de sa belle conduite et de sa bonne discipline dans ces circonstances difficiles.

Pendant ce temps, les autres parties de la Catalogne étaient le théâtre d'événements qui, d'une part, rendaient impossible une plus longue défense de Manresa, et qui allaient contribuer, d'autre part, à l'anéantissement presque complet de la garnison. Malgré le voisinage du 3ᵉ corps, opérant devant Lerida, O'Donnel, avantageusement placé à Tarragone, faisait des incursions dans tout le pays, surexcitant l'ardeur des habitants et tombant à l'improviste sur les postes dégarnis. C'est ainsi que, le 1ᵉʳ avril, il se portait contre Montblanch pour menacer la division Souham, tandis que le général Juan Caro, avec 6000 hommes, allait attaquer Villafranca, occupé par un bataillon français, qui se rendait après un combat acharné.

La division Caro avait ordre de se placer derrière la Noya, le dos au Montserrat, pour y attendre O'Donnel; mais, d'après de nouvelles indications, dans la nuit du 3 au 4 avril, elle se dirigeait sur Manresa, par Esparaguera. Après quelques heures de marche et au moment d'atteindre cette dernière localité, la division aperçoit une colonne venant aussi sur Esparaguera, et les paysans lui apprennent que c'est un convoi de munitions arrivé dans la nuit à Marto-

rell.— C'était, en effet, le convoi annoncé au général Schwarz
par Augereau. Il était commandé par le lieutenant-colonel du
67ᵉ régiment de ligne, ayant sous ses ordres un bataillon
de ce régiment (600 hommes), 250 hommes du 5ᵉ régiment
de la Confédération (150 d'Anhalt et 90 de Lippe), 60 hommes des compagnies de Gotha et de Meiningen restées à
Barcelone, et une trentaine de convalescents de Nassau et
de Saxe. Le convoi avait déjà dépassé le village quand il
est attaqué avec tant de vigueur qu'il se voit contraint de
rétrograder. Chargées alors à outrance par la cavalerie
ennemie, coupées de leur ligne de retraite par les habitants
de Martorell, qui occupaient le pont de la Noya, ces mal-
heureuses troupes essayent de former le carré ; une nouvelle
charge achève de les rompre, et il ne leur reste d'autre
ressource que de se précipiter dans le torrent, où un grand
nombre de soldats trouvent la mort. Le même soir,
500 hommes environ, débris de la colonne, atteignaient,
épuisés, les abords de Barcelone (1).

Après les deux succès de Villafranca et de Martorell,
les Espagnols considéraient comme certaine la perte de
la brigade Schwarz. Le 4 avril, un parlementaire vient
renouveler au général des propositions de capitulation, le
menaçant, en cas de refus, d'un assaut immédiat. La réponse, toujours négative, était à peine connue, que quatre
bataillons de ligne se portent vigoureusement contre les
épaulements gardés par le régiment de Nassau ; accueillis,
à bonne portée, par un feu meurtrier, ils se replient en dés-

(1) Les pertes étaient à peu près les suivantes :

Français.................. 320 hommes.
5ᵉ régiment de la Confédération. 140 (81 d'Anhalt ; 39 de Lippe).
4ᵉ régiment de la Confédération. 40

et la majeure partie des 30 convalescents.

ordre. Une attaque tentée simultanément par les guérillas, contre les troupes saxonnes, à l'ouest de la ville, échoue également. A plusieurs reprises, l'ennemi revient à la charge; il est toujours repoussé, mais de nouveaux renforts lui arrivaient sans cesse; le soir, il comptait près de 10 000 hommes, dont moitié de troupes régulières. Devant une telle supériorité de forces, le général Schwarz prend la résolution d'évacuer les postes extérieurs qu'il occupait encore. On n'avait plus que 30 cartouches par homme et des vivres pour quelques jours à peine.

Dans ces conditions, deux alternatives demeuraient seules en présence : capituler ou chercher à se frayer un chemin jusqu'à Barcelone. C'est à ce dernier parti que s'arrête le général; il fait couper le pont du Cardoner, barricader les portes, enlever les battants des cloches et détruire toutes les voitures; les 300 blessés qui se trouvaient dans la ville sont laissés sous la protection de quelques moines; puis, à onze heures du soir, les postes avancés se replient, après avoir abondamment alimenté leurs feux, et toute la colonne, marchant dans le plus profond silence, sort de Manresa par la porte opposée à celle qui conduisait à Barcelone. En présence des masses ennemies qui entouraient la ville, on ne pouvait, en effet, songer à se retirer par Esparaguera et Martorell, et l'on s'était décidé à faire la retraite par les mauvais sentiers qui passent par le pont de Villamara, le col de David, Barata et Sabadell. — Le régiment de Nassau ouvrait la marche; il était suivi du bataillon de Saxe; 40 hommes de la compagnie de Weimar formaient l'arrière-garde. Un Français, établi à Manresa, servait de guide, après avoir été employé comme espion. Les troupes marchaient par le flanc, ce qui, joint à l'obscurité, donnait à la colonne une longueur assez considérable.

Le mouvement s'effectue sans incident sérieux jusqu'au pont de Villamara; le pont franchi, le guide se trompe de direction; on est obligé de rebrousser chemin pendant quelques instants, et il en résulte un moment de confusion par suite duquel 450 hommes environ de Nassau, de Weimar et d'Hildburghausen se trouvent séparés de la colonne. La marche de ce détachement, perdu en pleine nuit, au milieu des montagnes, au centre même de l'insurrection, forme un des épisodes les plus émouvants de cette guerre, si pleine cependant d'événements du même genre. Après des fatigues inouïes, serrées de près par les guérillas ameutées par le tocsin, ces braves troupes parviennent enfin à rallier le gros. Il était temps, car déjà elles apercevaient à leur suite le régiment suisse formant l'avant-garde de la division Campoverde.

Cependant, on n'était pas encore sauvé; il restait à faire douze lieues pour gagner Barcelone, et les Espagnols arrivaient rapidement. Sans prendre un instant de repos, on se remet donc en route par des sentiers épouvantables, au milieu de rochers occupés par les paysans en armes, et, après des pertes considérables, on gagne Tarrasa. Les troupes étaient à bout de forces; beaucoup d'hommes épuisés de fatigue, de nombreux blessés avaient été abandonnés sur la route. Une halte était devenue indispensable; la colonne se reposait à peine depuis quelques instants, quand l'ennemi la rejoint; sacrifiant une partie de l'arrière-garde (40 hommes de Weimar), elle reprend précipitamment sa marche à travers un pays sauvage et sous un soleil ardent, sans une goutte d'eau pour étancher la soif des soldats harassés, en soutenant un combat incessant. Le 5 avril, à quatre heures de l'après-midi, on atteint ainsi la plaine de Sabadell, et la colonne s'arrête au pont de Riusech pour

rassembler les blessés qui avaient pu suivre et pour se procurer les chariots nécessaires à leur transport. Elle y était
à peine, quand on aperçoit les uniformes jaunes des dragons
de Numance, accourant en toute hâte pour couper le passage ; le général Schwarz gagne rapidement les hauteurs
boisées, où le régiment de Nassau est chargé de tenir tête à
l'adversaire. Après un engagement assez vif et de longues
hésitations, la colonne, abandonnant la majeure partie des
blessés à Sabadell, se remet en chemin par la montagne,
franchit le col de Moncada, atteint Saint-Andrew et, vers
huit heures du soir, après une marche continue de vingt et
une heures, elle rencontre les avant-postes italiens qui couvraient Barcelone.

Le lendemain, 6 avril, les débris de la colonne Schwarz
faisaient leur entrée dans la ville, où l'on ne pensait plus les
revoir, et, le même jour, le maréchal Augereau les mettait
à l'ordre de l'armée dans les termes suivants :

« S. Exc. le maréchal de l'Empire, commandant en chef
l'armée de Catalogne, charge M. le général de division
Rouyer de témoigner à M. le général Schwarz et aux officiers supérieurs de sa brigade allemande détachée à Manresa, sa satisfaction toute particulière pour la brillante conduite que ses troupes ont tenue dans les divers combats
qu'elles ont eu à soutenir contre des forces supérieures.
M. le général Schwarz a parfaitement rempli les intentions
de Son Excellence, dans la mission dont il était chargé. Cet
officier général fera connaître à Son Excellence les officiers
et soldats qui se sont particulièrement distingués. »

D'après la situation officielle adressée à l'Empereur, les
pertes des contingents allemands dans l'expédition de Manresa et le combat d'Esparaguera, avaient été de 664 tués,
savoir :

Régiment de Nassau. . . . . . .   222 hommes
4° régiment.   306   —
5° régiment.   136   —

Les blessés laissés à Manresa ne durent la vie qu'à l'in-
tercession des moines auxquels ils avaient été confiés. Afin
de les soustraire à la fureur des habitants, ils furent éva-
cués sur Arenis del Mar ; embarqués ensuite pour Tarragone,
ils furent dirigés plus tard, par Tortose, Valence et Cartha-
gène, sur l'île de Saint-Paul et les Baléares, où la plupart
périrent de misère.

En trois semaines, l'armée de Catalogne avait perdu au
delà de 3000 hommes ; un plus long séjour à Barcelone ne
faisait que diminuer plus rapidement les ressources, déjà
fort restreintes, de la ville ; les forces espagnoles ne ces-
saient de menacer Girone et d'inquiéter les troupes chargées du siége d'Hostalrich. L'ensemble de ces conditions
déterminait le maréchal Augereau à renoncer au projet de
joindre le 3° corps, pour coopérer à un mouvement offensif,
et à remonter au contraire dans la direction du nord. Laissant donc à Barcelone le régiment de Wurtzbourg et celui
de Nassau, il se met en marche, dans la matinée du 11 avril,
avec 12 000 hommes environ, parmi lesquels se trouvaient
les trois faibles régiments de la division Rouyer (4°, 5° et 6°),
un grand nombre d'écloppés et de nombreuses voitures emmenant des familles françaises et espagnoles. Le 14, la
colonne s'installait aux abords de Girone. Le mouvement
s'était exécuté sans grande résistance ; mais, partout, on
avait trouvé le chemin encombré de chevaux et de mulets,
morts d'épuisement, et dont les soldats affamés se dispu-
taient les morceaux.

Les maladies, les fatigues, les combats, avaient grande-

11

ment diminué l'effectif des contingents allemands ; le bataillon de Weimar et Hildburghausen ne comptait plus que
4 officiers et 120 hommes ; l'effectif du bataillon des Princes
n'allait pas au delà de 140 hommes ; les autres corps étaient
à l'avenant. Ces conditions défavorables sont mises à profit
pour donner quelques jours de repos aux contingents de la
Confédération, pour les réorganiser, et pour attendre l'arrivée des renforts qui, de tous côtés, étaient en marche des
dépôts d'Allemagne vers la Catalogne (1).

Le régiment de Saxe (4e), entré en Espagne avec 2 bataillons seulement, est rejoint, le 29 avril, à Pont-Mayor, par

(1) Voici le tableau de ces renforts que nous résumons en bloc, afin de ne
pas interrompre le cours ultérieur du récit :

4e RÉGIMENT.

Provenance.	Composition.	Départ.	Arrivée.
Gotha.	16 off., 334 h., maj. de Bünau..	17 févr..	29 avril.
Meiningen.....	2 — 81 — — de Bose...	18 —	—
Weimar.......	7 — 300 — — de Germar.	25 —	5 mai..
Hildburghausen.	1 — 100 — cap. de Münck..	26 —	—
Cobourg.....	4 — 239 — maj. Hofmann..	2 mars.	10 mai..
Gotha........	2 — 112 —		16 juin.
Cobourg......	53 —	2 juillet	5 sept.

} Pont-Mayor.

5e RÉGIMENT.

| Lippe........ | 145 — | | 2 avril. |
| — | 58 — | 16 avril. | 6 juin. |

6e RÉGIMENT.

Schwarzbourg..	75 —		31 mars.
—	66 —		7 avril.
—	1 — 40 —		31 mai..
Reuss........	72 —		24 avril.
—	91 —		25 avril.
Waldeck......	1 — 125 —	12 avril.	2 juillet.

} Perpignan.

Total 1925 hommes.

le 3ᵉ (1ᵉʳ bataillon de ligne) et se constitue définitivement à 2 bataillons, savoir :

Bataillon de ligne, major DE BÜNAU.

5 compagnies de Gotha. . . . . }
2   —   de Meiningen. . . } 819 hommes.

Bataillon léger, major DE GERMAR.

3 compagnies de Weimar . . . . }
2   —   de Cobourg . . . . } 773 hommes.
1   —   de Hildburghausen. }

De plus, une dépêche du ministre de la guerre, en date du 9 mai, prescrivait le licenciement du bataillon des Princes et son incorporation, savoir : les contingents de Lippe au 5ᵉ régiment de la division Rouyer ; ceux de Schwarzbourg, de Reuss et de Waldeck, au 6ᵉ. Cette opération avait lieu le 15 juin ; le major de Brockenburg, récemment nommé colonel par la princesse douairière de Schwarzbourg, prenait le commandement du 6ᵉ régiment, en remplacement du colonel de Heeringen (1).

Nous avons vu précédemment combien les effectifs de la division westphalienne se trouvaient réduits ; une dépêche du ministre de la guerre au duc de Castiglione ordonnait également que les 2ᵉˢ bataillons des 2ᵉ, 3ᵉ et 4ᵉ régiments eussent à verser tous leurs hommes disponibles aux 1ᵉʳˢ bataillons, que les 3 dernières compagnies du bataillon d'infanterie légère complétassent de même les 3 premières, et que les cadres fussent ensuite dirigés sur la Westphalie pour y prendre des recrues (2).

(1) Cependant, les deux compagnies de Lippe, formant excédant au contingent et étant à la solde de France, furent laissées intactes et ne subirent pas l'incorporation (*Lettre du chef d'état-major au ministre*, 18 juin 1810).

(2) Cette mesure souleva, de la part du roi Jérôme, de vives réclamations. Il demandait avec instance que sa division lui fût rendue en entier, parce que,

Pendant ce temps, la garnison d'Hostalrich, hors d'état de résister plus longtemps, cherchait à s'échapper et tombait tout entière aux mains des troupes italiennes. La prise d'Hostalrich était bientôt suivie de celle de Lerida, dont le 3e corps s'emparait, le 14 mai. 8000 prisonniers, 130 canons, des armes, des munitions en grand nombre, étaient le résultat de ce brillant succès.

L'Empereur s'était montré fort peu satisfait de la longue inaction d'Augereau et de son mouvement rétrograde sur Girone. Il chargeait le duc de Feltre, ministre de la guerre, de lui en témoigner son mécontentement, et il rendait en même temps un décret, daté de Compiègne, qui relevait le maréchal de ses fonctions et lui donnait pour successeur, comme commandant en chef du 7e corps et gouverneur général de la Catalogne, Macdonald, duc de Tarente.

Le maréchal arrive à Girone le 15 mai, et, le 29, il procède à la réorganisation du 7e corps, qui se trouve alors constitué de la manière suivante :

Division Frère (française).
— Severoli (italienne).
— Pignetti (italienne).
— Verdier (franco-allemande).
— Rouyer (allemande).
Brigade de cavalerie Delort.

d'une part, il redoutait l'impression fâcheuse que produisait sur ses nouveaux sujets ces continuelles demandes de renforts, et que, d'autre part, il comptait beaucoup sur le dévouement de ces soldats, depuis longtemps en contact avec les Français, et qui, seuls, disait-il, étaient de vrais Westphaliens, dévoués au nouveau système. Napoléon refusa d'accéder à sa demande, se fondant sur ce que ces troupes lui seraient inutiles en Allemagne, tandis que leur départ d'Espagne ferait un vide qu'il faudrait combler. Le 29 avril, les cadres des 2es bataillons et des 3 dernières compagnies du bataillon léger, formant un total de 139 officiers, sous-officiers et soldats, partaient de Girone pour Cassel, où ils arrivaient le 3 juillet.

Le gouvernement de la haute Catalogne est confié au général Baraguey d'Hilliers, colonel-général des dragons, qui disposait d'environ 10000 hommes, établis, savoir : les Napolitains et les dépôts français aux environs de Figuères ; les régiments 4, 5, 6 de la division Rouyer, à Girone, avec 1 bataillon (Anhalt) à Pont-Mayor et à Medina, pour escorter les convois entre ce point et le poste de la Croix-Blanche. Le 29 mai, le 4° régiment, laissant un petit détachement et une centaine de malades à Pont-Mayor, va relever à Hostal-rich le 6° régiment italien.

Les maladies, qui sévissaient avec une effrayante intensité sur le 7° corps, n'avaient pas épargné les troupes du grand-duché de Berg, dont les effectifs étaient devenus très-faibles ; par un ordre en date du 29 mai, l'Empereur prescrivait que tous les hommes disponibles du 2° régiment fussent versés dans le 1ᵉʳ, et que les cadres des 2 bataillons dissous rentrassent en France (1).

Les croisières anglaises déployaient une telle vigilance qu'il était impossible de ravitailler Barcelone par voie de mer. Du 10 au 17 juin, le maréchal s'occupe d'introduire un fort convoi dans la ville, et rentre ensuite à Girone. Malgré de grands préparatifs faits par les Espagnols, et un succès certain promis par O'Donnel, cette expédition s'accomplissait sans incidents fâcheux. 1000 hommes du régiment de Saxe, toujours stationné à Hostalrich, accompagnaient ce convoi.

Malgré cet insuccès, O'Donnel ne se décourageait pas ; tous les moyens lui étaient bons pour entretenir la lutte. Tandis que, d'une part, il lançait une nouvelle proclamation aux Espagnols pour les appeler aux armes, d'autre part

(1) Ils arrivaient à Perpignan le 2 juillet, à l'effectif de 32 officiers et 201 sous-officiers et soldats ; ils en repartaient, le 4, pour Paris.

il s'adressait aux troupes étrangères qui formaient la majeure partie des forces impériales, pour les exciter à la désertion (1). Le soulèvement était plus intense que jamais, surtout dans la haute Catalogne, et jusqu'alors il avait été impossible de se conformer aux ordres de Napoléon, qui prescrivaient à Macdonald et à Suchet de se porter simultanément, l'un sur Tarragone, l'autre sur Tortose. L'approvisionnement de Barcelone, la conservation des communications avec la frontière, absorbaient toutes les forces de l'armée de Catalogne : « Je suis vraiment affecté de ces détails qui paralysent tout et nous laissent comme un corps sans âme, — écrivait le duc de Tarente le 16 juillet. — Quel métier que celui d'escorter des charrettes ! »

Du 16 au 26 juillet, le maréchal conduit un nouveau convoi à Barcelone. Le régiment de Saxe, relevé à Hostalrich par le 16e de ligne, prenait part à cette opération, qui

---

(1) Il y réussissait en partie, car, le 8 juillet, le duc de Tarente écrivait au ministre : « Nous avons eu, le mois passé, 400 déserteurs italiens, napolitains et allemands. J'ai été forcé de renvoyer sur les derrières les Westphaliens ; ils ne tiennent plus devant les miquelets ; ils se sont laissé enlever, il y a quelques jours, 52 hommes à Bagnolas. Les Allemands sont abattus ; le découragement est dans leurs troupes et vient probablement de la tête de ces troupes. Les Italiens et les Napolitains sont les plus difficiles à ramener à une bonne et sévère discipline. » — La proclamation manuscrite suivante était également répandue en grand nombre parmi les contingents de la Confédération : « Soldats allemands et camarades, je vous somme, si vous voulez mieux vivre, de venir prendre du service chez les Espagnols. Vous y mènerez la meilleure vie ; vous recevrez 10 sols par jour, pain, vin et viande en abondance. Les Allemands sont très-bien vus de notre commandant et de toute la nation. — Venez-y, mes frères ; quittez les drapeaux français qui vous ont pris en traîtres et vous tiennent dans les fers. Si vous voulez venir, on vous en fournira tous les moyens. Celui qui trouvera cette lettre est invité à en dire, en secret, le contenu à ses camarades. Venez combattre pour le grand roi Ferdinand VII, qui vous récompensera un jour. »

« CHARLES, baron de Höhenstein, commandant des volontaires allemands. »

était marquée par un très-violent engagement. Au retour, il allait s'établir à Fornells; mais, dès le 31 juillet, il en repartait pour venir occuper Bascara, petite ville située sur la grande route de France, à moitié chemin de Girone à Figuères. Les autres régiments de la division Rouyer et la faible division westphalienne (1400 hommes) s'espaçaient également entre Girone et la frontière, gardant la route et assurant les communications. Cette mission, déjà fort pénible, devait le devenir plus encore par suite du départ de la 2ᵉ brigade (5ᵉ et 6ᵉ régiments), dont le général Schwarz venait de prendre le commandement, en remplacement du colonel de Chambaud, rentré en Allemagne. Ainsi que nous le verrons plus loin, cette brigade allait occuper la côte depuis Palamos jusqu'à l'embouchure du Ter. Par suite de ce mouvement, le 4ᵉ régiment, quittant Bascara, revenait, le 7 août, à Girone.

Le même jour, Macdonald partait de cette ville avec un troisième convoi à destination de Barcelone. Il y arrivait, le 9, sans être inquiété, et, le 11, il se remettait en marche avec 13 000 hommes, dont le régiment de Berg, pour aller, par un mouvement sur Tarragone, couvrir le siége de Tortose. Le 17, il était à Walls; le 21, le colonel Geither, du 1ᵉʳ régiment de Berg, ayant sous ses ordres une colonne de 2200 fantassins, 300 cavaliers et 4 pièces, pousse une reconnaissance sur Tarragone. Ces troupes s'avancent si près de la côte qu'une frégate anglaise et 2 canonnières espagnoles ouvrent leur feu contre elles. En même temps, O'Donnel sortait de la place. Après un vif engagement et des pertes assez sérieuses de part et d'autre, la reconnaissance rentre dans ses positions.

Le maréchal Macdonald restait jusqu'au 25 août autour de Reuss; mais n'ayant ni parc ni munitions de siége, inquiété par O'Donnel qui interceptait ses communications, il prend alors le parti de rallier le 3ᵉ corps afin de se concerter avec Suchet. Laissant à Reuss 700 malades et blessés, il part le 26, et, après avoir forcé le col de Ordal, il arrive, le 29, devant Lerida, étendant ses quartiers jusqu'à Balaguer. Il est décidé entre les deux commandants en chef que le 3ᵉ corps fera le siége de Tortose pendant que le 7ᵉ occupera Lerida et servira de corps d'observation. Mais il fallait tout d'abord amener de Mequinenza la grosse artillerie nécessaire aux opérations du siége ; cela offrait de grandes difficultés, et, malgré toute l'activité possible, il en résulta des retards considérables.

Depuis que le maréchal duc de Tarente avait quitté la haute Catalogne, la situation des troupes qui y avaient été laissées devenait plus difficile de jour en jour. On était dans la saison des grandes chaleurs, et Girone n'était plus qu'un vaste hôpital sur lequel on évacuait les malades de tous les postes environnants. L'encombrement devint tel que, le 26 août, il fallut diriger sur Perpignan un convoi d'un millier de malades et de blessés, appartenant, pour la plupart, aux 4ᵉ, 5ᵉ et 6ᵉ régiments de la Confédération du Rhin. Le convoi avait atteint, sans voir l'ennemi, la redoute dite de Fallinas ou de la Croix-Blanche, située dans une forêt, à une lieue de Bascara, quand il est attaqué par la bande du colonel Louis de Creest. Les assaillants arrivent jusqu'aux voitures auxquelles ils mettent le feu, et, malgré une sortie de la garnison, peu d'hommes sont assez heureux pour s'échapper. La perte totale, dans cette cruelle affaire, fut de 400 hommes.

Ces avantages partiels rendaient les Catalans de plus en plus audacieux. Un succès plus sérieux allait amener la perte complète de la brigade Schwarz.

Nous avons vu que, depuis les premiers jours d'août, cette brigade (5ᵉ et 6ᵉ régiments) occupait la côte depuis Palamos jusqu'à l'embouchure du Ter. Le 13 septembre, veille des événements que nous allons raconter, sa réparti- tion était la suivante :

La Bisbal.	151 h.,	général Schwarz.
Tornella.	85 —	»
Bagur.	55 —	capitaine Barckhausen.
Calonge	85 —	— Volter.
Palamos.	269 —	lieut.-col. de Watzdorff.
San-Feliu de Guixols. .	278 —	»
Total. . . .	923 hommes (dont 56 officiers).	

O'Donnel, profitant de l'éloignement du maréchal Mac- donald, résolut d'enlever ces postes. Nous laissons mainte- nant la parole aux rapports officiels français et espagnols, qui rendent compte de cet événement :

« *Tarragone, le* 24 *septembre* 1810 (1). — Monseigneur, j'ai l'honneur de faire part à Votre Excellence que, le 14 de ce mois, j'ai eu le malheur d'être fait prisonnier de guerre avec toute ma troupe; les différents détachements que j'avais à San-Feliu, Palamos et Calonge ont éprouvé le même sort, le même jour. Depuis huit heures du matin jusqu'à onze heures et demie, tous ces cantonnements ont été attaqués par une armée de 3 à 4000 hommes, suivie d'artillerie, divisée en 3 colonnes qui ont coupé toute espèce de com- munications, et S. Exc. le général commandant en chef l'armée de Catalogne est venu en personne, à la tête d'une colonne d'infanterie et de cavalerie, m'attaquer à La Bisbal. J'avais 123 fantassins, 22 cuirassiers et 9 canonniers. Ces troupes étaient, pour la plupart, des convalescents qui

_____

(1) *Dépêche du général de brigade, baron de Schwarz, à S. E. le maré- chal duc de Tarente.*

m'avaient été envoyés de Girone ; sur ce nombre, l'ennemi m'a pris 10 hommes d'infanterie et 8 cuirassiers qui étaient en reconnaissance avant l'attaque du château.

» Je résistai depuis onze heures et demie, heure à laquelle j'ai été bloqué, jusqu'à la nuit, et, à sept heures du soir, après avoir eu les deux tiers environ de mon monde hors de combat, tant tués et blessés que prisonniers, je me vis forcé d'accéder à une capitulation dont j'ai l'honneur d'adresser copie à Votre Excellence (1).

» J'avais donné l'ordre aux troupes détachées à Tornella de venir à mon secours ; 83 hommes d'infanterie et quelques cuirassiers ont été cernés par les Espagnols et fait prisonniers.

» Les ordres que j'avais donnés aux troupes de Palamos et de San-Feliu pour me rejoindre à La Bisbal ont été interceptés par l'ennemi. Les postes de Palamos et de San-Feliu ont été attaqués, en même temps, par terre et par mer. Je ne puis maintenant, monseigneur, vous adresser un rapport plus circonstancié. »

« *Rapport du général O'Donnel au président de la Junte.* — Le général explique d'abord que la position du maréchal Macdonald le décide à attaquer les postes laissés sur

(1) *Capitulation qu'accorde S. E. le capitaine-général de l'armée et province de Catalogne aux troupes françaises qui se trouvent au château de La Bisbal :* 1° La garnison se rendra prisonnière de guerre avec les honneurs de la guerre et mettra bas les armes au dernier poste espagnol. — 2° Les officiers garderont leurs épées et leurs équipages ; les soldats, leurs hâvresacs, et les malades seront traités comme de coutume. — 3° Aussitôt que cette capitulation sera signée, ce qui doit avoir lieu tout de suite après que le général français l'aura reçue, une compagnie de grenadiers espagnols prendra possession de la porte principale et la garnison sortira immédiatement.

La Bisbal, 14 septembre 1810.

Le général de brigade, baron de Schwarz, O'Donnel.

ses derrières, et que l'on supposait à l'abri de toute surprise. O'Donnel fait embarquer un petit corps et quelques pièces sur la frégate anglaise *Cambrian*, la frégate espagnole *Diana* et 4 felouques. Il donne l'ordre aux régiments d'Illiberia, d'America, de Tarragone, de Girone et d'Aragon, aux hussards espagnols et aux dragons de Numance, de marcher sur Villafranca avec le général Campoverde; et il part lui-même de Tarragone, le 6 septembre, pour se mettre à la tête de ces troupes. Après divers mouvements préliminaires, le général détache une partie de ses forces, sous le colonel Honorato de Fleyres, pour attaquer San-Feliu et Palamos, pendant qu'il marchera sur La Bisbal. Nous reprenons maintenant sa relation : « A peine fus-je arrivé devant La Bisbal, que je donnai ordre au brigadier don José San-Juan de se rendre maître, avec sa cavalerie, de toutes les avenues de la ville. Ce mouvement fut exécuté avec une incroyable célérité, de sorte que, en moins de dix minutes, tous les débouchés étaient occupés. L'infanterie, sans compter le nombre des adversaires, pénétra aussitôt dans la ville, et dirigea son feu, de différents côtés, sur une ancienne forteresse où l'ennemi s'était retiré. Pendant cette attaque, quelques détachements de cuirassiers, qui étaient en patrouille hors de la ville furent tous coupés par notre cavalerie, qui se comporta avec la plus grande bravoure.

» Je sommai alors le fort de se rendre; on me répondit négativement; je résolus, en conséquence, de mettre le feu aux portes, et je m'avançai pour les reconnaître; mais, à peine avais-je fait quelques pas que je fus blessé à la jambe droite d'un coup de feu. Sur ces entrefaites, un détachement de 100 hommes d'infanterie et de 82 cavaliers s'avança du côté de Tornella, pour porter secours à la garnison de

La Bisbal; mais ma réserve, commandée par le brigadier San-Juan, l'ayant attaqué, la cavalerie se retira en déroute, abandonnant l'infanterie, qui fut prise sans avoir tiré un coup de fusil. La même division a aussi pris un convoi avec quelques bestiaux et autres munitions de bouche, après avoir fait prisonnière la petite escorte qui le conduisait.

» Le lendemain, ayant de nouveau sommé la place, j'accédai, pour éviter l'effusion du sang, à une capitulation dont les conditions étaient que la garnison serait prisonnière de guerre et sortirait avec les honneurs militaires, les soldats conservant leurs hâvre-sacs, et le général Schwarz et ses officiers, leurs épées et leurs bagages. La reddition de la place s'effectua dans la matinée du 14, et 650 hommes restèrent prisonniers, sans compter le général Schwarz, 1 colonel et 42 officiers, qui partirent dans la matinée du 15, pour être embarqués à San-Feliu de Guixols. »

Le même jour, les postes de San-Feliu de Guixols et de Palamos avaient également capitulé, après une résistance plus ou moins longue (1) ; le détachement établi à Bagur, surpris une première fois par les Anglais, le 11, se repliait sur Roses et échappait ainsi à la destruction du reste de la brigade.

Malgré les stipulations de la capitulation, les prisonniers furent entièrement dépouillés; le 15, les troupes espagnoles se mettaient en marche et enlevaient, en passant, le poste de Calonge, après une vigoureuse résistance des 83 hommes qui composaient la garnison. Le 16, tous les prisonniers étaient embarqués pour Tarragone, d'où ils furent transportés, plus tard, à Cabrera ou sur les pontons anglais.

(1) Le lieutenant-colonel de Watzdorff, du 6⁰ régiment, qui commandait le poste de Palamos, fit une très-belle défense. Il fut blessé et décoré de la Légion d'honneur.

Dans la suite, beaucoup d'entre eux, et notamment les soldats d'Anhalt, prirent du service dans l'armée anglaise en Espagne.

Le général Schwarz, que des avis réitérés avaient informé du mouvement des Espagnols, fut fortement blâmé de ne pas s'être replié, en temps opportun, sur Girone. D'autre part, on reprocha également au général Baraguey d'Hilliers de ne pas avoir secouru la brigade allemande. Quoi qu'il en soit, cette malheureuse affaire venait affaiblir encore les troupes de la haute Catalogne, constamment aux prises avec l'ennemi. Les guérillas devenaient de plus en plus audacieux; ils avaient même envahi le territoire français, levé des contributions et pris des otages dans la petite ville de Saint-Laurent de Cerdans. En même temps, les fièvres endémiques, si fréquentes durant les mois de septembre et d'octobre, sévissaient avec une telle intensité que, le 8 septembre, le régiment de Saxe, par exemple, ne comptait plus que 17 officiers et 113 hommes présents sous les armes.

Ces deux mois s'écoulaient, d'ailleurs, sans autres événements que les rencontres avec les bandes. Le maréchal Macdonald était établi dans la fertile plaine d'Urgel, qui lui fournissait d'abondantes ressources; le régiment de Berg, qui faisait seul partie des troupes actives, était au grand quartier général à Lerida et à Barbastro. Tous les autres corps de la Confédération étaient disséminés dans les postes de la haute Catalogne, savoir :

Division Rouyer

4ᵉ régiment, Girone; — 5ᵉ, Girone et Pont-Mayor; — 6ᵉ, Fornells, Maillorquina, Girone (réduits à quelques centaines d'hommes).

Division Conroux de Pépinville :

Régiment de Wurtzbourg (731 h.), Besalu et Navata; — bataillon léger westphalien (112 h.), Salve de Mar; — 2ᵉ régiment westphalien (180 h.), Cadaqnès; — 3ᵉ régiment westphalien (237 h.) et 4ᵉ (256 h.), Roses et Castillo.

Le régiment de Nassau, dont l'effectif s'était maintenu assez élevé (1006 hommes), faisait partie de la garnison de Barcelone. Les faibles détachements d'artillerie de Berg et de Westphalie étaient à Girone.

Le mois d'octobre fut particulièrement terrible pour les troupes de la haute Catalogne. Indépendamment des pertes journalières occasionnées par les incessantes escarmouches avec les guérillas, les maladies avaient atteint le plus haut degré d'intensité; les vivres étaient rares, le pays épuisé et les différents postes littéralement bloqués par l'ennemi. « Les trois régiments de la Confédération sont réduits à 19 officiers et 278 soldats par la mort et la maladie, — écrivait le général Baraguey d'Hilliers. — Je pense qu'aussitôt que les premiers renforts arriveront, il serait utile de renvoyer ces corps moribonds en France, pour se refaire.

» Il en est de même de la division westphalienne; les trois régiments qui sont autour de Roses ne forment plus que 24 officiers et 204 hommes, dont 60 malades et qui ne font pas de service (1). »

C'est sur Girone surtout que se portaient les efforts de l'adversaire; il serrait la ville de près. Plusieurs sommations avaient déjà été adressées à la garnison, qui, nuit et jour, était sous les armes. Mais l'hiver approchant, la situation devint un peu meilleure; un fort bataillon français,

(1) *Dépêche du général Baraguey d'Hilliers au ministre,* 3 octobre 1810.

arrivé de Perpignan, vint aussi apporter un notable soula-
gement aux troupes épuisées.

Pendant ce temps, la partie active du 7e corps, après
avoir consacré une partie des mois d'octobre et de novembre
au ravitaillement de Barcelone, était revenue vers l'Èbre,
pour couvrir le siége de Tortose. Après de grandes difficultés de transport et de nombreux combats, on avait réussi
à amener devant cette place un matériel de siége. La tran-
chée était ouverte le 20 décembre, et, le 2 janvier 1811, la
ville capitulait, laissant entre nos mains 10 000 hommes,
180 canons, 10 000 fusils, 2 000 000 de cartouches, 9 drapeaux. C'est par cet important succès que se terminait la
campagne de 1810 en Catalogne. La chute de Tortose ouvrait le royaume de Valence; les Français étaient maîtres
de tous les points stratégiques qui, dans une lutte régulière,
leur eussent assuré la tranquille possession de la Catalogne.
Mais l'énergie de la population n'était pas atteinte par ces
revers, et, pendant de longs mois encore, la guerre de partisans, incessante et implacable, devait couvrir le pays de
cadavres et de ruines.

CAMPAGNES DE 1811-12-13.

SOMMAIRE DES CAMPAGNES.

La division de la Confédération du Rhin est dissoute. — Rentrée en France des 4e, 5e et 6e régiments ; ils sont cantonnés dans le Midi et reviennent ensuite en Allemagne. — Départ de la division westphalienne. — Le régiment de Wurtzbourg est employé sur la frontière ; sa réduction à un bataillon. — Opérations générales en 1812-1813. — Surprise du fort de Figuères par les Espagnols. — Réduction à 2 compagnies du bataillon léger westphalien ; sa rentrée en Allemagne. — Retraite du maréchal duc d'Albufera sur la Catalogne. — Désarmement des troupes de la Confédération du Rhin. — Dépêche du maréchal Suchet rendant compte de cette opération. — Conclusion.

Le rôle réellement sérieux des troupes allemandes en Catalogne finit avec la campagne de 1810. Dans la période comprise entre 1811 et 1813, leurs contingents, réduits à un chiffre relativement minime et perdus, en quelque sorte, dans la masse des troupes françaises, n'ont plus qu'une action secondaire ; aucun fait saillant qui leur soit particulier ne vient marquer ces trois années de guerre. Cependant, pour mener jusqu'au bout la tâche que nous avons entreprise, nous allons retracer sommairement les principaux événements et y suivre la trace laissée par les corps de la Confédération jusqu'au jour de leur désarmement.

Tandis que Suchet et Augereau, maîtres de Tortose, se disposaient à assiéger Tarragone, la guerre de partisans continuait toujours dans la haute Catalogne. La division Rouyer et la division westphalienne, réduites à des effectifs insignifiants, étaient hors d'état de rendre de plus longs services. L'attention de l'Empereur avait été appelée sur

cette situation et, dès le mois de novembre 1810, le ministre de la guerre avait envoyé au général Baraguey d'Hilliers l'ordre de faire rentrer ces deux divisions. Toutefois,
la difficulté des communications était telle que cette déci-
sion, prise le 21 novembre, ne parvenait au général que
dans les premiers jours de janvier.

Le 4ᵉ régiment part le 22 janvier et arrive, le 25, à
Perpignan ; les 5ᵉ et 6ᵉ régiments suivent le mouvement
le 23 (1).

Ces débris d'une division de 6000 hommes s'attendaient
à continuer directement leur route sur l'Allemagne ; mais
telle n'était pas l'intention de Napoléon. Il craignait probablement l'effet produit sur l'opinion publique en Allemagne
par la vue de ces soldats épuisés. Il avait donc décidé que
ces troupes iraient occuper les côtes du Roussillon, sous le
prétexte de les garder contre les tentatives des croisières
anglaises, mais, en réalité, pour leur donner le temps de se
refaire un peu avant d'entamer la longue marche qui devait
les ramener dans leur patrie. Après trois jours de repos à

---

(1) La situation d'effectif de ces troupes était alors la suivante :

	Présents.	Détachés.	Aux hôp.	Prisonniers.	Total.
4ᵉ rég. (colonel d'Egloffstein..	166	23	162	80	424
5ᵉ régiment (col. de Heeringen, comm. les 5ᵉ et 6ᵉ régiments)..	168	24	32	528	749
6ᵉ régiment.............	119	19	22	500	660
Totaux........	453	66	216	1008	1833

Le régiment de Nassau demeurait en Catalogne, ainsi que le régiment de
Wurtzbourg. En vertu d'un traité spécial, la maison de Nassau devait tenir
constamment à la disposition de l'Empereur une brigade de 3750 hommes,
organisée sur le pied français.

12

Perpignan, les 4ᵉ, 5ᵉ et 6ᵉ régiments se remettent donc en marche pour aller occuper, savoir :

> Le 4ᵉ régiment, Agde.
> Le 5ᵉ — Collioure.
> Le 6ᵉ — Port-Vendres.

Quelques jours plus tard, les cadres de la division westphalienne passaient la frontière à leur tour, ne laissant en Catalogne que le bataillon d'infanterie légère (1).

Après une halte de deux mois sur les côtes de la Méditerranée, les 3 régiments de l'ex-division Rouyer repartaient en une seule colonne, le 12 avril, et prenant par Montpellier, Lyon, Dijon, Neufchâteau, Metz, Kaiserslautern et Mayence, ils franchissaient le Rhin dans la seconde quinzaine de juin et regagnaient leur patrie. « Durant un séjour de dix mois en Catalogne, les 7 huitièmes au moins de ces troupes avaient été enlevés, soit par les combats, soit surtout par les maladies, les fatigues et la misère. Et pourtant ce n'était là qu'un des moindres sacrifices faits par les populations saxonnes à leur *sublime protecteur* (2) ! »

Il ne restait plus dès lors à l'armée de Catalogne que :

> Le régiment de Wurtzbourg.
> Le 1ᵉʳ régiment de Nassau.
> 1 bataillon de Berg.
> 1 bataillon léger westphalien.
> Détachement d'artillerie de Berg et de Westphalie.

---

(1) Ce bataillon, formé, à Figuères, des débris de la division, était composé ainsi qu'il suit :

État-major, 6. — Petit état-major, 3.

	Présents.	Détachés	Aux hôp.	Prisonniers.	Total.
Troupe...............	198	49	171	»	467

(2) *Histoire des troupes de la Thuringe pendant les campagnes de* 1810-11 *en Catalogne*, par le capitaine Pfister.

Pendant trois ans encore, ces troupes vont continuer la guerre d'escarmouches ; mais, comme nous le disions précédemment, leur rôle devient complétement secondaire, et il est impossible à l'historien de les suivre pas à pas. Nous allons donc résumer sommairement les quelques points principaux de leur histoire durant cette dernière période de la guerre d'Espagne.

Depuis quelque temps, les attaques contre le territoire français devenaient de plus en plus fréquentes. A chaque instant des bandes franchissaient la frontière, rançonnaient les villages limitrophes et se retiraient en emmenant des otages. Le général Garreau, avec une brigade, est chargé d'opérer le long de la frontière pour mettre un terme à ces incursions. Le régiment de Wurtzbourg est attaché à cette brigade et se rend à Illes, où il arrive le 2 mars 1811.

Le 9, le général Suchet réunit au commandement de l'Aragon celui de la basse Catalogne. Le gouvernement de la haute Catalogne demeure seul au maréchal duc de Tarente. Toutes les troupes qui font partie de l'armée active de Catalogne passent sous les ordres de Suchet, à l'exception du bataillon du grand-duché de Berg, qui vient renforcer la garnison de Barcelone.

Au 15 mars, la brigade Garreau, augmentée de divers corps, devient la division Quesnel (3ᵉ division de l'armée de Catalogne) ; le quartier général est établi à Montlouis. Le régiment de Wurtzbourg, qui ne comptait plus que 475 hommes, fait partie de la 2ᵉ brigade (général Palmarol) et occupe Montlouis. Le 29 mars, ses deux bataillons sont fondus en un seul et les cadres en excédant sont dirigés sur l'Allemagne. Le régiment de Nassau et le bataillon de Berg occupaient toujours Barcelone. Le bataillon westphalien,

placé sous le commandement du général Guillot, était réparti entre la Selva, Cadaquès et Roses.

Campoverde, qui avait succédé à O'Donnel, n'hésitait pas
à appeler à son secours la corruption et la trahison ; l'éloignement de Macdonald lui laissait d'ailleurs le champ libre.
Une première tentative dirigée contre le fort de Montjouy,
à Barcelone, échoue complétement ; mais, dans la nuit du
9 au 10 avril, le fort de Figuères, livré par deux employés
aux vivres, Catalans d'origine, est surpris par 1000 ou
1200 miquelets sous les ordres des généraux Martinez et
Ratoriga. La garnison tout entière, composée des dépôts de
troupes italiennes et du bataillon de Berg, est faite prisonnière avant d'avoir pu tirer un coup de fusil.

Cet événement pouvait avoir les plus graves consé-
quences. Macdonald prend en personne le commandement
des forces de blocus, et, le 19 août, la garnison, forte de
6000 hommes, met bas les armes après avoir vainement
enté de se faire jour.

Pendant ce temps, Suchet s'était emparé de Tarragone
(28 juin) malgré les secours apportés à la défense par les
Anglais. Nommé maréchal et commandant général des provinces de l'Est, il portait des secours à Barcelone et se rendait maître du Montserrat, grand dépôt de munitions de
insurgés. C'était à peu près à cette époque que Figuères
capitulait. Tandis que Macdonald, malade, est remplacé par
le général Decaen, le nouveau maréchal se dirige sur Valence, dont il s'empare (26 décembre) et où il s'installe.
Nous avons eu occasion de signaler, dans la première partie
de ce travail, les heureux résultats de son habile adminis-
tration durant le séjour d'une année presque entière qu'il
fit dans cette riche province. Mais, sur les autres théâtres
de guerre, les événements se précipitaient. Madrid était

évacué; le roi Joseph perdait la bataille de Vittoria et se repliait lentement sur Bayonne. Le maréchal Suchet, laissant des garnisons dans un grand nombre de places, avait également quitté Valence au milieu des témoignages d'affection des habitants, et, le 7 juillet, il ralliait à Barcelone le corps du général Decaen. « Les Anglais le suivirent, passèrent l'Èbre et investirent Tarragone. Suchet délivra cette place et en ramena la garnison; de là, il se retira sur le Llobregat, battit les Espagnols au col d'Ordal et les poursuivit jusqu'à Tarragone (1813, 11 septembre). Cette victoire assura ses cantonnements entre le Llobregat et Barcelone; mais les dangers de la France et les secours qu'il dut envoyer à l'Empereur le forcèrent bientôt à se replier sur Figuères. »

C'est dans cette situation que nous allons retrouver l'armée, lors de l'événement qui terminera notre travail; mais il est nécessaire de revenir d'abord en arrière pour suivre la trace des troupes allemandes que nous avons laissées en Catalogne. Durant ces deux années dont nous venons d'esquisser l'histoire en quelques lignes, leur rôle demeure assez obscur et échappe à toute relation suivie, au milieu des combats, des fatigues et des maladies, qui formaient comme le lot quotidien de leur pénible mission. On ne peut guère signaler, pendant cette période, que l'arrivée de quelques renforts (1) et surtout le départ pour l'Alle-

(1) Ils étaient exclusivement destinés aux troupes de Nassau; en voici le relevé : Le 16 juin 1812, arrivée à Barcelone d'un bataillon à l'effectif de 8 officiers et 477 hommes, venant de Wiesbaden, par Mayence et Besançon. — Le 27 décembre de la même année, arrivée à Perpignan d'un bataillon provisoire parti de Mayence le 6 novembre. Il repart de Perpignan pour Barcelone, le 29 décembre, à l'effectif de 4 officiers, 12 sous-officiers et 249 soldats. — 18 février 1813, départ de Nassau d'un escadron de chasseurs et d'un bataillon de 600 hommes destinés, savoir : 400 hommes au 2ᵉ régiment et 200 au 1ᵉʳ.

magne des cadres devenus disponibles par suite de la diminution constante des effectifs. Nous allons résumer ce qui a
trait à ces mouvements.

Le 3 décembre 1812, le roi Jérôme avait demandé que
son bataillon léger, détaché à la Jonquière, et qui ne
comptait plus que 21 officiers et 283 hommes, rentrât en
Westphalie, où l'on avait le plus grand besoin de cadres.
Le ministre de la guerre répondait que la situation en Catalogne ne permettait pas de se priver d'un contingent, ne
fût-il que de 200 hommes ; mais il donnait des ordres pour
que le bataillon fût réduit à 2 compagnies et pour que les
cadres des deux autres soient acheminés sur Perpignan et
de là sur Cassel. Ces cadres, comprenant 6 officiers et
27 sous-officiers et soldats, arrivaient à Perpignan le 2 janvier 1813, et en repartaient, le 8, pour Cassel, où ils entraient le 5 mars.

La campagne de Russie avait d'ailleurs modifié les idées
de Napoléon ; il semblait chercher maintenant à se débar-
rasser de tous ces corps étrangers dont la fidélité pouvait
inspirer des craintes et qui, n'offrant plus pour ainsi dire
que des cadres, étaient hors d'état de rendre des services.
Une dépêche du ministre de la guerre, en date du 10 janvier 1813, prescrit de faire rentrer en Allemagne les restes
du bataillon westphalien et de l'artillerie de la même nation. Ces troupes arrivent à Perpignan le 11 février ; elles
en repartent, le 12, pour Cassel, qu'elles atteignent le
14 avril. Déjà un ordre de même nature avait été envoyé,
au commencement de 1812, à l'armée du Centre pour la
réduction des chevau-légers westphaliens à un escadron et le
renvoi des cadres en Allemagne. Cet ordre n'arrivait que le
14 février 1812 à Madrid, d'où il était aussitôt envoyé au
maréchal Suchet, les chevau-légers étant toujours à l'armée

d'Aragon (*voyez la première partie*). — Le 13 février 1813,
le seul bataillon de Berg (2e du 3e régiment) qui restait encore en Espagne arrive à son tour à Perpignan, qu'il quitte,
le 14, pour arriver, le 6 avril, à Dusseldorf (1).

Telle était la situation au moment où le décret impérial
du 25 novembre vint prescrire le désarmement des troupes
de la Confédération du Rhin et leur envoi dans les dépôts
de prisonniers. Nous avons déjà rapporté (*première partie*)
dans quelles conditions cette opération s'était effectuée pour
les corps allemands de l'« Armée d'Espagne », alors sous
les murs de Bayonne. En Catalogne, au contraire, ce désarmement donnait lieu à des manifestations qui sont trop à
l'honneur de leurs auteurs pour que nous résistions au
désir de reproduire textuellement la dépêche qui en rend
compte (2) :

(1) Ce bataillon, venant de Versailles, était entré en Catalogne au commencement de 1810.

(2) Au 20 décembre 1813, la situation d'effectif de ces troupes était la
suivante :

Garnison de Barcelone :

1er régiment léger de Nassau (2 bat.), col. DE MEDER...	41 off.	1707 h.

Armée de Catalogne :

Chasseurs à cheval de Nassau (2 escadrons), major baron OBERKAMPF (*a*)..........................	12 —	234 —
Bataillon de Wurtzbourg, commandant ERLÉ.........	20 —	268 —

Division de cavalerie de l'armée d'Aragon :

Chevau-légers westphaliens (1 esc.), lieutenant-colonel baron DE PLESSEN..........................	10 —	167 —
	83 off.	2373 h.
Total........		2456

(*a*) On se rappelle (*première partie*) que les chasseurs à cheval de Nassau
avaient quitté l'armée dite d'Espagne dans la seconde quinzaine d'octobre
1813, pour passer à l'armée d'Aragon.

Dépêche du maréchal duc d'Albuféra au ministre de la guerre (quartier général de Girone, le 26 décembre 1813). — «Monsieur le duc, après la défection des alliés dans le Nord, j'ai voulu connaître par moi-même l'esprit des chefs des troupes allemandes qui faisaient partie de l'armée. J'avais eu la satisfaction de trouver en eux des officiers pleins d'honneur et désireux de gloire; j'ai voulu éprouver leur fidélité, et, dans la journée du 1er décembre, en marchant à l'ennemi, j'ai ordonné que les chevau-légers westphaliens et les compagnies d'élite du 1er régiment d'infanterie légère de Nassau fussent jetés seuls en avant-garde; ils ont servi avec beaucoup de zèle, et pas un soldat n'a déserté.

» Au moment de mettre à exécution le décret de l'Empereur pour le désarmement de toutes les troupes allemandes, le colonel de Meder, du 1er régiment de Nassau, a donné une preuve honorable et éclatante de sa loyauté. Le lieutenant général Clinton, commandant l'armée alliée en Catalogne, est parvenu à lui faire remettre une lettre par laquelle il l'engageait à se rendre à l'armée anglaise; il y ajoutait une lettre de lord Wellington, et une, bien plus pressante, du colonel baron de Kruze, commandant le 2e régiment de Nassau, qui invitait le colonel de Meder à suivre son exemple. J'ai l'honneur de vous envoyer copie de ces trois lettres et de la réponse du colonel de Meder. Cette honorable conduite, cette fidélité à ses engagements sera appréciée par S. M. l'Empereur; j'espère qu'il voudra bien en donner un témoignage flatteur à ce colonel; il offre de consacrer sa vie à son service, et j'ose garantir qu'il saura se rendre digne de toutes les bontés de l'Empereur (1).

_____

(1) Voici cette lettre du colonel de Meder à lord Clinton : (Barcelone,

» J'ai dû faire exécuter le décret impérial ; le désarmement a eu lieu sur différents points à la fois. Le régiment
de Nassau a déposé les armes à Barcelone ; les chevau-
légers westphaliens ont mis pied à terre à Saint-Celoni ; le
général Ordonneau rend compte qu'ils pleuraient amère-
ment et s'écriaient : « Qu'on nous mène à l'ennemi, et l'on
» verra si nous ne sommes pas décidés à sacrifier notre vie
» pour l'empereur Napoléon. » Le lieutenant-colonel baron
de Plessen a, le premier, remis son sabre, en invitant ses
officiers à suivre son exemple. C'est un bel officier, d'une
brillante valeur, qui a sollicité, avec l'agrément de son roi,
du service dans les armées impériales. Sa conduite distinguée et celle du brave capitaine Kœnig m'engagent à les
retenir près de moi jusqu'à ce que Votre Excellence ait obtenu une décison sur leur demande.

» Les escadrons de la Garde du prince de Nassau ont
mis pied à terre à Girone et à Figuères. Le major baron
Oberkampf, qui commande ce régiment, a été fort déses-
péré ; mais il a, comme les autres chefs, exprimé ses regrets
de manière à intéresser réellement : « Depuis cinq ans, —
» a-t-il dit, — je suis dans les rangs français ; j'ai obtenu
» des témoignages flatteurs de ma conduite et de celle de

---

20 décembre 1813). — « Monsieur le général, on m'a apporté la lettre que vous
m'avez écrite de Villafranca, le 18 de ce mois. Pour un homme d'honneur,
cette demande est trop outrageante pour que je puisse être enclin d'y con-
sentir. Jamais je n'ai eu rien de plus sacré que de combattre pour S. M. l'empereur Napoléon le Grand ; c'est à quoi S. A. R. mon souverain s'est engagé
lui-même et par conséquent moi aussi. Votre sommation ne peut donc nous
déterminer, moi et mon brave régiment, qu'à nous rendre, si cela était possible, plus fidèles à notre devoir. Comme homme d'honneur et de loyauté, je
crois de mon devoir de transmettre votre lettre à mon général de division, et
de l'assurer encore une fois du dévouement de mon régiment. » — Il fut fait
droit au désir du colonel de Meder ; nommé général de brigade, il fut tué
aux environs de Barcelone le 25 février 1814.

» mon régiment, et je désire en conserver une preuve éter-
» nelle en obtenant la croix d'officier de la Légion d'hon-
» neur. »

» Le bataillon de Wurtzbourg aura été désarmé à Puy-
cerda. Le voltigeur Lanz, du 1er régiment de Nassau, a
voulu absolument rester attaché au 18e régiment d'infanterie légère : « J'ai été blessé trois fois en Catalogne, en
» combattant avec les soldats français; j'ai obtenu la déco-
» ration, et je supplie qu'on me permette de finir ma vie
» avec eux. »

» Ainsi, Monsieur le duc, cette mesure, devenue malheureusement nécessaire, a été exécutée avec le ménagement
que méritaient ces braves soldats, qui sont bien étrangers
au délire qui afflige leur patrie.

» La première colonne, composée des chasseurs à cheval
de Nassau et de 50 chevau-légers westphaliens, arrivera à
Perpignan, le 28 de ce mois; les autres suivront de près. »

Le lecteur connaît les événements postérieurs : quelques
mois plus tard, Suchet rentrait en France avec une armée
réduite à 14 000 hommes; il allait faire sa jonction avec
Soult, aux environs de Montpellier, quand on apprenait la
nouvelle de l'abdication de Napoléon. La lutte cessait dès
lors, et la Sainte-Alliance se partageait l'Europe.

Bien que les campagnes que nous venons de raconter
soient déjà bien loin de nous, elles n'avaient pas cessé, il y
a quelques années encore, de préoccuper la presse militaire
allemande. Le thème était fécond d'ailleurs pour protester
contre les abus de pouvoir du vainqueur : « On sera complétement édifié sur l'énormité des sacrifices imposés par
les desseins de Bonaparte, si l'on veut bien se rappeler que,

durant toute cette longue période et abstraction faite des contingents de la Confédération du Rhin, des milliers d'Allemands durent servir et verser leur sang dans les régiments dits français, par suite de l'annexion de fractions considérables de pays allemands. Depuis Sion, dans le Valais, jusqu'à Hambourg, la jeunesse *allemande* en était réduite à se faire tuer comme *française* (1). » Les derniers événements nous donneraient bien le droit de retourner cet argument contre son auteur; mais, comme nous le disions au début, nous resterons jusqu'au bout dans le domaine purement militaire. Pendant cinq ans, la Confédération du Rhin a fait passer en Espagne plus de 35 000 *hommes;* de Girone à Badajoz, de Valence à Vittoria, ils ont pris une large part de nos dangers comme de nos fatigues, de nos succès comme de nos revers. L'histoire leur doit d'en garder le souvenir; tel a été notre but en écrivant ce premier chapitre *Du rôle des troupes sociales sous le premier Empire.*

(1) Pfister, *Histoire des troupes de la Thuringe en Catalogne pendant les années 1810-11.* Cassel, 1868.

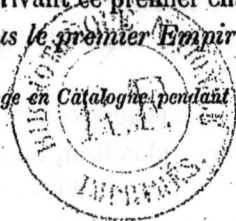

PARIS. — IMPRIMERIE DE E. MARTINET, RUE MIGNON, 2.

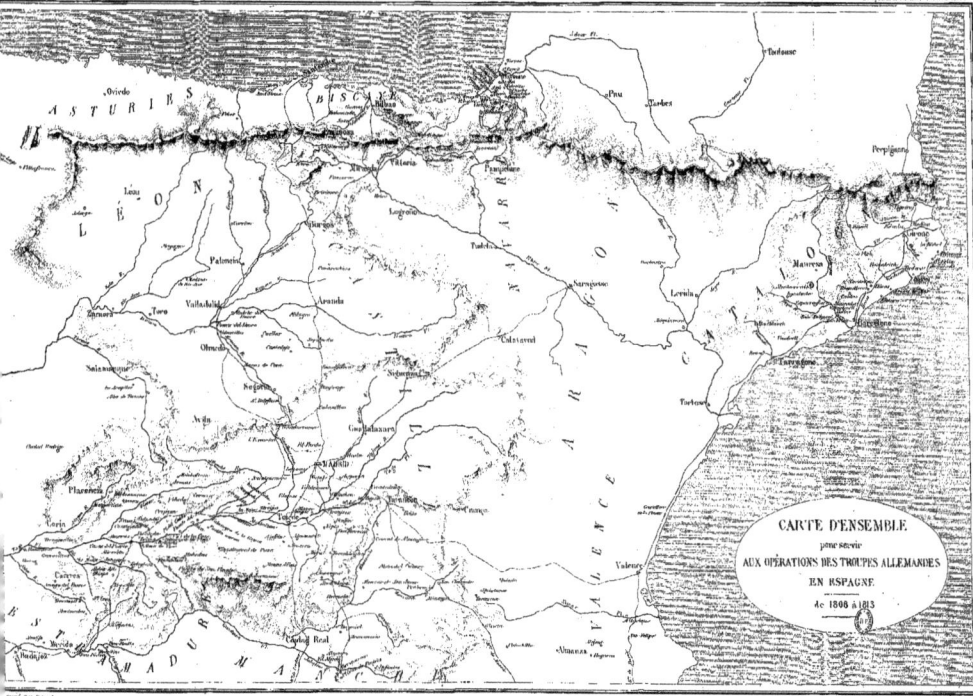

CARTE D'ENSEMBLE
pour servir
AUX OPÉRATIONS DES TROUPES ALLEMANDES
EN ESPAGNE
de 1808 à 1813